魅影

中国古代神灵志异图鉴

林屋公子　凤妩　编著

北方联合出版传媒（集团）股份有限公司
万卷出版公司

图书在版编目（CIP）数据

魅影：中国古代神灵志异图鉴 / 林屋公子，凤妩编著. — 沈阳：万卷出版公司，2020.7
ISBN 978-7-5470-5338-6

Ⅰ. ①魅… Ⅱ. ①林… ②凤… Ⅲ. ①鬼—文化—中国—图集 Ⅳ. ①B933-64

中国版本图书馆CIP数据核字(2020)第056097号

出 品 人：王维良
出版发行：北方联合出版传媒（集团）股份有限公司
万卷出版公司
（地址：沈阳市和平区十一纬路25号 邮编：110003）
印 刷 者：辽宁新华印务有限公司
经 销 者：全国新华书店
幅面尺寸：145mm × 210mm
字 数：160千字
印 张：9
出版时间：2020年7月第1版
印刷时间：2020年7月第1次印刷
责任编辑：张洋洋
责任校对：高 辉
装帧设计：汤 宇
ISBN 978-7-5470-5338-6
定 价：68.00元
联系电话：024-23284090
传 真：024-23284448

妖怪者，盖精气之依物者也

一场愉悦的饕餮盛宴

近几年，市面上似乎掀起了一阵“妖怪文化”的热潮，不管是“阴阳师”游戏，还是《山海经》画集，大家都对这种神秘文化表现出很浓的兴趣。那么，到底什么是妖怪呢?

“妖”本义为艳丽、妩媚，后来用以表示反常、怪异的事物，《左传》就说“人弃常而妖兴”；“怪”本义为奇异、罕见，后用以表示奇异的事物，《国语》就说“木石之怪，曰夔、魍魉；水之怪，曰龙、罔象；土之怪，曰羵羊”。可见，妖、怪含义没有太大区别，在后世文献也往往“妖怪”连用，但也略有差异，大概“妖”多强调形态的非常，而“怪”更偏向法力的高超，此外“精”也与“妖”“怪”含义较为接近。

“妖怪”是怎么产生的呢?《搜神记》说：“妖怪者，盖精气之依物者也，气乱于中，物变于外，形神气质，表里之用也。”认为妖怪是精气附在物体上而形成的，不过，这是建立在古人认可“妖怪”存在的基础上而言；而今天我们认为妖怪不过是古人的想象，是在对于未知世界无法科学认识时做出的解释。

用今天的话来说是“封建迷信”，但这种“封建迷信”却反映了古人的精神世界，是我们开启古人内心大门的钥匙。

日本学者中野美代子在《中国的妖怪》中如此定义：妖怪是“超越人类、动物、植物，有时包括矿物等的现实形态和生存形态的、表现于人类观念之中的东西。”其实根据这个概念来看，“妖怪”不仅仅包括“妖”“精”“怪”这三种，还可以包括“魔”“鬼”甚至“神”“仙”“佛”等等，就本质上来说它们并无区别，都是古人“万物有灵论”的结果；而且往往也可以混为一谈，但彼此之间还是有所差异。

“魔”与“鬼”往往合称，但实际上差异较大。“魔”实际上出自佛教的“魔罗”，是一种特定的妖怪，大体可以视为一种法力高强的“妖”；而“鬼”这个字在商代甲骨文中就出现了，像人身巨首之异物，《说文解字》说“人所

归为鬼”，是人死后的化身。春秋战国时把祖先称为“鬼”，但同时也有了有后人之“鬼”与无后人之“鬼”的区别。无后人之“鬼”一般被称为厉鬼、恶鬼，是一种邪恶的鬼，对付它们要用祭祀来安抚，或者用法术来驱逐。

“神”的偏旁“礻”象征神主牌位，“申”像闪电之形，古人认为变幻莫测的闪电为天神所发。“神”早期往往与“鬼”合称，实际上一部分也是祖先的化身，而又与大自然的力量结合，所以“神”的法力显得特别高超。传说中的“三皇五帝”，一方面是各族的祖先神，另一方面又具有天神的特质。“神”后世往往与“仙”并称，“仙”的本义是长生不老、升天而去之人，来源与战国阴阳学派息息相关，后世列入国家祀典的叫“神”，未列入的叫“仙”。

“佛”出自佛教中的“佛陀”，是佛教修行的最高果位，《后汉书》说“西方有神，名曰佛”，也可以理解为西方的一种高等神。整体来说，“神”“仙”“佛”往往代表正义，而“妖”“精”“怪”“魔”“鬼”更多代表邪恶。所以前者一般长相俊美、法力高超，而后者却长相狰狞、法力低微。当然，二者之间的区别并非泾渭分明的，如《西游记》里的孙悟空本身是一只猴“妖”，后来在天庭被册封为齐天大圣“神”，而在西天取经后又被为封斗战胜“佛”。

值得一提的是还有一类异国，在“古今语怪之祖”《山海经》中最早出现，后来在汉晋小说《海内十洲记》直到清代小说《镜花缘》中都有模仿。异国有异民和异兽，它们相对于正常世界的人和兽，在身体器官上往往有不同，或多或少，或大或小，或颠倒。《山海经》的性质也是众说纷纭，整体来看应该有浓厚的数术性质，与巫术、历法、神话有一定关系，并非真实的历史地理著作，那么，“异国”也可以归入“妖怪”的范畴。

以上这些妖、怪、鬼、神、异国等，在今天不少已经有了科学解释，比如古人往往认为风、雨、雷、电等自然现象背后都有“神”，我们今天知道只是自然现象而已；比如被古人崇敬的“门神”秦叔宝、尉迟恭，大家都知道是真实存在的历史人物，去世之后被封神而已；比如一些异国、异民、异兽，可能只是古人在观测中的偏差和以讹传讹……但是，这个世界的未解之谜仍然太多，对于未知世界的探索，也正是“妖怪学”的魅力所在。

值得一提的是，作为“古今语怪之祖”的《山海经》最早是有配图的，但可惜的是，这些插图都已经失传了。今天看到的最早的《山海经》图，是《永乐大典》中的两幅插图，尽管与《山海经》的原始图画相差甚远，但也代表明清时期对《山海经》的认识。中国的妖怪传入日本后，日本学者也开始有意识地整理日本的妖怪，并且为它们配上图解，最著名的就是鸟山石燕的《百鬼夜行》和水木茂的《妖怪大全》。

作为妖怪文化起源比日本早得多的中国，妖怪文化却不成系统，甚至很多本土的妖怪，被日本借用过去，比在国内还出名。这既是我们文化的输出，也是我们文化的丧失。故本书从古代文献中选出百余个生动有趣的妖、怪、鬼、神、异国，并配上相关图画（有的是明清版画，有的是现代绘制）与文字说明，相信能在《山海经全画集》后，给读者一场愉悦的饕餮盛宴。

林屋公子

2020年2月

目录

一场愉悦的饕餮盛宴

妖

怪

鬼

神

异国

妖

九尾狐

〔明〕王圻、王思义《三才图会》

九尾狐

据《山海经·南山经》，青丘山有一种九尾狐，声音像婴儿，会吃人，但是反过来人吃了它，就不会中蛊。《海外东经》《大荒东经》中都出现一个青丘国，这两个青丘国都有九尾狐。

不过，早期史料更多偏向九尾狐是祥瑞之兆。《吕氏春秋》有一段与九尾狐有关的故事。相传大禹三十岁时尚未成婚，一次路过涂山时，见到了一只九尾白狐，大禹以此为吉兆，求娶涂山氏女子女娇。在这则故事中，显示出九尾狐为瑞兽的内涵。古本《竹书纪年》说大禹的后代帝杼征东海，也曾得到九尾狐一只。

在汉代画像石中，九尾狐经常与白兔、蟾蜍、三足乌一起列于西王母身旁，以示子孙昌盛。可见九尾狐代表祥瑞，在汉朝已经成为普遍观念，《魏略》说魏文帝登基时出现过这种祥瑞。

其形象在宋元之后发生了明显变化。知名度最高的就是《封神演义》中的妲己了，而妲己是九尾狐所变的说法，又可以上溯到元代的《武王伐纣平话》，妲己的名气甚至漂洋过海，日本传说她被众神追杀时逃到了日本，换了个名字叫玉藻前。

蛇妖

〔日〕水岛尔保布《绘本西游记》

蛇妖

蛇妖，多指蛇化为精怪，有的还化作人形，比如《新白娘子传奇》中的白素贞和小青，就是最为出名的蛇妖了。白蛇故事大致说的是，杭州药铺伙计许仙去灵隐寺附近上坟，回来遇到大雨，这时白娘子和婢女小青来搭乘许仙租赁的船，白娘子与许仙自此相识并最终成为夫妻。但金山寺住持法海看出白娘子是白蛇化身，把白娘子镇压在雷峰塔下。之后许仙与白娘子的儿子许仕林高中状元，救出母亲，一家三口团聚。

当然，白蛇传说也经历了一个发展的过程，其实在很长一段时间里，蛇妖的名声一向不佳，因为它们经常祸害百姓。

唐传奇中有不少蛇妖的故事，据《博异记·李黄》，元和二年（807年），陇西人李黄在长安遇见了一位白衣美妇，被其深深迷倒，在这少妇家中饮酒作乐三日，十分快活。待第四日回家便卧床不起，下身化为一摊血水。家人寻至少妇家中，家中只余一座空园和一棵皂荚树。据邻居所说，常有一体型很大的白蛇盘绕在这皂荚树上，家人始知白衣少妇为蛇妖所化。

另一篇《博异记·李琯》故事大同小异，也是在元和年间，金吾参军李琯遇见一位白衣美妇，跟着去了美妇的宅子里，把奴仆留在外面。李琯说闻到异香，而奴仆闻到的却是腥臭味。李琯回家后即脑裂而死。家里人询问后找到一棵枯死的槐树，里面有大蛇盘曲的痕迹，但是大蛇已经消失，人们只杀死了几条小白蛇。

之后明人编辑宋人著作的《清平山堂话本·西湖三塔记》和《古今小说·双鱼扇坠》两篇话本小说，也均有类似的故事，并且把发生地点搬到了西湖断桥。但真正成熟的白蛇故事，还要算明代冯梦龙编辑的《醒世通言》中的《白娘子永镇雷峰塔》，里面已经有了许宣、白娘子、法海、青鱼等人怪形象，故事的结局是白蛇、青鱼被永镇雷峰塔，而许宣在雷峰寺出家。

到这里，实际上白蛇故事主要表达的都是男子不要迷恋美色，白蛇的形象还是引诱世间男子的妖物，没有多少真情实感可言。

但这一情况在清代开始得到改变，嘉庆年间的章回小说《雷峰塔奇传》，许仙与白娘子夫妇生下了梦蛟，梦蛟还考上状元，被封中极殿大学士。此时法海才将白娘子放出，并且度白娘子与许仙飞升而去，而梦蛟与表妹碧莲成亲，青鱼也成了青蛇。相对于《白娘子永镇雷峰塔》，《雷峰塔奇传》不管人物形象、故事情节，还是主题思想均得到质的提升，主题从片面宣传佛教思想转变成为反对封建婚姻。

之后民国还有《前白蛇传》《后白蛇传》，大体都沿袭了《雷峰塔奇传》的设定，许仙、白娘子逐渐成为大众喜闻乐见的形象，所以鲁迅先生也说法海“活该”。后来又到 1952 年田汉京剧《白蛇传》第三次定稿，标志着白蛇故事达到另一个质的突破，相对于《雷峰塔奇传》，京剧《白蛇传》删除了一些宿命论、因果观、封建礼制和等级观念，强化了许仙与白娘子的爱情，加强了许仙、白娘子、小青的正义性，反衬了法海破坏婚姻的罪恶。

至于今天的影视当然又是建立在田汉《白蛇传》的基础上，无论是《新白娘子传奇》还是《青蛇》，白蛇、青蛇的形象又进行了再次加工，故事戏剧性也越来越强了。

花妖

畅小米 绘

花妖

花妖，指花吸收了天地灵气而成的精灵。与蛇妖不同，花妖多是美丽、善良的化身，也因其良善，有一些花妖被民间称作花神、花仙子。因为花的种类繁多，所以花精也多种多样，《聊斋志异》中就有牡丹精、荷花精、耐冬花精的故事，都十分动人。

唐代柳宗元的《龙城录》里有《赵师雄醉憩梅花下》，非常浪漫。据说在隋开皇年间，赵师雄被贬至罗浮。当时天气寒冷，暮色降临，赵师雄半醉半醒之间，停在一处酒肆休息。有一女子身着淡装，款款出门迎接赵师雄。待到新月初起，影影绰绰之间更显女子楚楚动人。

两人喝酒聊天，女子谈吐高雅，身上芳香袭人，赵师雄对女子十分欣赏。不多时，又有一身着绿衣的人来了酒肆，大家载歌载舞，十分愉悦。没多久赵师雄便醉了，他醒来后发现，身边哪有什么酒肆，哪有什么女子？只有头上一株大梅树暗香浮动，树上一只小翠鸟啾啾鸣叫。

树妖

〔清〕《点石斋画报》

树妖

树妖，指树木成精，《淮南子》中说“木生毕方”，意思是说毕方这种赤脚神鸟，实际上是木的精魂所化。还有一些说法认为，千年的木精化身为青羊，万年的木精化身为青牛。

《白泽图》中记载的树木成精，其形貌如同一只没有尾巴的黑狗，名字叫作彭侯，可以烹食；又说千年的木头中有一种虫，名字叫作贾诎；如果是只小猪，有两个脑袋，也可以烹食，味道和狗肉接近。据《搜神记》，三国吴建安太守陆敬叔曾派人砍伐一棵大树，大树血流不止，从中跳出一人面狗身的怪物，正是彭侯。

《聊斋志异》中有一位柳秀才是柳树成精。当时青州、兖州闹蝗灾，沂州县令有一天睡觉做了一个梦，梦中一位高冠绿衣、容貌英伟的男子出现，男子说明天西南方向会有一个骑胖驴的妇人过来。这妇人是蝗神，可以请求她放沂州百姓一马。县令果然等来了妇人，奉香敬酒，请求妇人怜悯百姓，免于蝗灾。妇人十分生气，责骂柳秀才泄露她的秘密，说柳秀才得代庄稼受过。后来蝗虫过境，百姓的庄稼果然秋毫无犯，但当地的柳树全都被蝗虫啃食殆尽。

琵琶精

〔日〕鸟山石燕《画图百鬼夜行》

琵琶精

琵琶精是器物成精，其中最为出名的是明代小说《封神演义》中的玉石琵琶精。玉石琵琶精是轩辕坟三妖之一，与妲己是好姐妹。

妲己在朝歌混得风生水起，琵琶精前去探望，夜晚便在王宫里以宫人为食。当时姜子牙已经下山，在朝歌城内算命为生。姜子牙精通命理之数，在朝歌颇有声名，琵琶精本已要离去，但对姜子牙十分好奇，于是化作一妇人前去算命。姜子牙何等人物，一眼便看出了琵琶精是妖孽，借看相之机扣住了琵琶精的脉门，后又用砚台将琵琶精直接打杀。

众人以为姜子牙杀了人，便将其捉拿，凭纣王发落。在摘星台前，姜子牙使用三昧真火焚烧这女子的尸身，尸身突然开口说话，最后化出了原形——一面玉石琵琶。后来玉石琵琶被妲己拿走，放在摘星台上吸收天地灵气，五年后重新复生，与妲己一同祸乱成汤天下，最终被斩首示众，下场凄惨。

据水木茂《妖怪大全》，日本也有一种叫“琵琶牧牧”的妖怪，系日本皇宫中的琵琶玄象与牧马所化，它们化作人形，走遍日本，到处弹奏出妙曲。

纸魅

畅小米 绘

纸魅

纸魅是纸片化成的精怪。纸魅喜吸人精气，常变化为美貌女子对男性施展美人计，被吸食精气的男子身体会逐渐变差、精神萎靡，严重者会死于疾病，但只要心智坚定，勇敢无畏，纸魅是不敢近身的。

据《阅微草堂笔记》，有个姓曹的书生就遇到过纸魅。曹书生为人豪气胆大，住在一处灵异的书房中。夜深人静时，他听到门外有声音传来，定睛一看原来是一张纸片样的东西从门缝中爬了进来。纸片进屋后变化为一美貌女子，曹书生见了之后非但不怕，还对她赞叹有加。纸魅于是又变化成一个蓬头散发、嘴角流血的吊死鬼，曹书生也毫不畏惧，反而调笑她头发太乱、舌头太长。纸魅看这样的恐吓没有作用，于是伸手扭下自己的头颅，放在桌上，鲜血横流，曹书生又笑话她本事不济，一点都不吓人。第二天，纸魅又想来吓唬曹书生，还没进门就被曹书生嘲笑，纸魅被打击得心灰意冷，灰溜溜地离开了。

据水木茂《妖怪大全》，日本有种叫“纸舞”的妖怪，十月的时候没有风，但纸片自己翩然飞舞，而且还带着笔、墨、砚甚至衣服飞舞，这就是“纸舞”作祟了。

画妖

畅小米 绘

画妖

画妖，指画中的生物有了灵气，化为精怪。《续博物志》中记载，后魏的元兆能够用法术治疗疾病，正好当时军队里面有人被一女子所害，元兆施法后才知道，这害人的女子是黄花寺的壁画化形作怪。

据《聊斋志异》，孟龙潭与朱举人来到京城一家寺院，被一老僧接待观看壁画。朱举人在看到散花天女中一个垂发少女时，不觉自己进入了壁画之中。朱举人在壁画内见到少女并与其亲热，两天后朱举人被少女的女伴发现，女伴笑着为少女梳了少妇的束发。后来又有一个金甲神前来搜查有没有藏匿凡人。少女让朱举人躲在床下，自己从窗户外逃走。后来老僧把朱举人引了出来，朱举人看画上少女的垂发已经改成束发了。

据水木茂《妖怪大全》，日本劝修寺宰相家一架旧屏风上有一幅美女图，穗波殿侍从曾派人借走这架屏风，之后晚上有一名美女一直出现在附近，有人跟着她发现她在屏风处消失。后来屏风就被还给了宰相，宰相家也发生这样的事。有侍卫在画像女子头上贴上纸条，果然出现的女子头上也有纸条。宰相就派人将画修缮后珍藏了，画中的女子再也没有出来过。

白骨精

畅小米 绘

白骨精

白骨精，又被叫作白骨夫人、尸魔，是白骨所化，擅长变化。《西游记》中白骨精想要吃唐僧肉以图长生不老，趁着孙悟空不在，先是变化为一美貌女子接近唐僧等人，不料被化缘回来的孙悟空一眼看破，当即棒杀。白骨精通晓尸解之法，脱命离去，留下了一具假尸体。后来又化作老妇人、老者先后出现，最终还是死于孙悟空之手，最后一次才被打出原形。老者死后，化为一堆白骨，白骨上刻着四个字，正是“白骨夫人”。

而在《西游记》的祖本《大唐三藏取经诗话》中，还没有白骨精，只有一具明皇太子升仙留下的白骨，以及变化成白衣妇人害人的白虎精。

不过，白骨精在《西游记》里分量不大，甚至还没有“白骨精”这个称呼，白骨精的成名始于20世纪60年代的戏剧《三打白骨精》；到20世纪90年代的电影《大话西游》，又把白骨精塑造成白晶晶的形象，还与孙悟空转世的至尊宝有一段恩怨情仇，这也是白骨精名气越来越大的缘由所在。

水虎

〔日〕鸟山石燕《画图百鬼夜行》

水虎

据《山海经·中山经》，有一种人面虎身的怪兽叫马腹，声音如同婴儿一般，会吃人。不过马腹与马的腹部没有关系，而是“马虎”的通假，后来又讹传为“马肠”，其实与腹、肠均无关。后世正好有一种神兽“马虎”，长得人面、马足、长毛，是一种虎类，此神兽有镇邪的功能。清代汪绂指出，马虎正是马腹。

《水经注》中也有与此相关的记载，沔水中有一种叫水唐的怪物，它的膝头如同老虎，鳞甲如同鲮鲤，爪牙一般都隐没在水中，只露出膝头。有的孩童不知道它的凶险，想要取出戏耍，结果都被此物所杀。水唐的外形与习性都与《山海经》的马腹近似。水唐也被写作水虎、水卢，应与马腹是同一种动物。

据日本水木茂《妖怪大全》，水虎是河童体型最大的一种，生活在河海里，精通隐身术，每年会将人引诱到水中，吸干后将尸体拖回原处。被水虎杀死的人是不能为其举办葬礼的，要放任尸体腐烂，这样水虎才能跟着腐烂，死后露出原形。在门上挂一把镰刀，或者在门口撒下麻秆或豇豆，就可以防范水虎了。

姑获鸟

［日］鸟山石燕《画图百鬼夜行》

姑获鸟

姑获鸟又被叫作“夜行游女”“鬼车”。据晋代郭璞《玄中记》，姑获鸟是天帝的幼女，昼伏夜出，穿衣为鸟，脱衣为女人。她们没有儿子，所以喜欢偷窃小孩做自己儿子。晋朝时小孩睡觉衣不外露，就是为了提防姑获鸟用血在衣服上做标记。这种鸟又叫鬼鸟，当时又叫鬼车，在荆州最多。以前豫章郡有个男子，偷走了姑获鸟脱的衣服，就娶了这只姑获鸟为妻，并且生了三个女儿。之后母亲让女儿问父亲，才知道衣服被藏在稻谷下。母亲找到衣服就带着三个女儿飞走了。

姑获鸟的传说也流传到日本，在日本，它被称作产女，继承了中国的传说，产女也是女人难产而死所化。推理小说家京极夏彦有《姑获鸟之夏》一书。

鲛人

〔日〕鸟山石燕《画图百鬼夜行》

鲛人

鲛人也被写作蛟人，是传说中的一种人鱼，居住在南海，他们善于纺织。陆放翁的词“泪痕红悒鲛绡透”的“鲛绡”用的就是鲛人织绡的典故。他们会将鲛绡带到陆地上卖。鲛绡穿在身上遇水不湿，价值百金。而且，他们的泪珠还能化作珍珠。据西晋张华《博物志》，从前有个鲛人上岸卖绡，看上人家一件生活用品。于是鲛人开始对着盘子哭泣，泪水滴在盘内居然化作了珍珠，这也是李商隐诗歌“沧海月明珠有泪”的出处。

尽管鲛人在后世往往被认为是人鱼，不过细究起来，古人记载并不明显。东晋郭璞给《山海经》作注，在“雕题国”下写道“点涅其面，画体为鳞采，即鲛人也”。原来所谓鲛人，只是身文鱼图的古人！雕就是雕刻，题就是额头，所以又叫雕题人。而鲛人肯定也不是住在水中，比较合理的方式是以舟为家，以捕鱼、轮渡、市易、采珠为生。今天粤闽两省的河汊地区，仍有不少水上居民，他们被统称为“疍人”，可能就是所谓“鲛人”的原型。

黑鱼精

〔日〕水岛尔保布《绘本西游记》

黑鱼精

黑鱼精，在《西游记》有提到，它名叫灞波儿奔，是万圣公主的手下；还有一个伙伴，名叫奔波儿灞，是鲇鱼精。

乱石山碧波潭有一位万圣龙王，龙王有一位女儿生得花容月貌，就是万圣公主。后来，龙王为公主招了一个驸马，名为九头驸马，颇为神通广大。九头驸马觊觎祭赛国金光寺塔上的宝物，于是降下血雨污染宝塔，趁着塔丧失灵力的机会，偷走了塔上的佛宝舍利子。万圣公主与九头驸马也是臭味相投，她在天上偷了王母娘娘的九叶灵芝草，将其放在水潭之下，水潭彻夜通明。

万圣公主听说孙悟空专门找妖怪麻烦，于是安排灞波儿奔和奔波儿灞去金光寺巡视，结果二妖都被孙悟空捉拿，反而套出舍利子失踪的缘由，后来灞波儿奔被孙悟空割下耳朵，奔波儿灞被沙和尚打死。这两个小妖的名字非常奇特，李小龙先生认为，“奔波儿灞”很可能是“bon-po-pa”的音译，意为“苯教之人”或“吐蕃人”，而作者随之又捏造了一个“灞波儿奔”。

罗刹鸟

畅小米 绘

罗刹鸟

清代袁枚《子不语》中记载了这么一个故事：雍正年间一户人家娶妻，新娘子登上喜轿后，众人簇拥着前往夫家。路过一座古墓时突然一阵狂风从墓中飘出，一直围绕着花轿。到了夫家落轿掀帘，新娘从轿中先走出，然竟有一个和新娘容貌、身形、服饰一模一样的人走出。两人并肩站立，大家都辨不出真伪，只能行礼成婚。之后祭天祭祖、拜见亲友，都是新郎居中，两位新娘站在左右。

夜里新郎携两美同床，忽然新房里传来了惨叫声，众人急忙前去。只见新郎倒在床外，一个新娘倒在床上，周遭尽是血泊，另一个新娘却不知所踪。众人到处寻找，只看到房梁上有一只身体灰黑色，嘴巴、爪子白色的巨鸟。新郎说，当时正准备睡觉，忽然左边的新娘挥了挥手，新郎眼睛便没有了，新郎当即晕了过去，真正的新娘也一样。

作者说，坊间相传墓地里的阴气太重，尸体吸收了阴气，久而久之便会化作罗刹鸟。罗刹鸟如灰鹤一般大小，喜欢变幻作祟，吃人的眼睛。看来这户人家正是遇到罗刹鸟作祟了。

相柳

〔明〕蒋应镐《山海经（图绘全像）》

相柳

据《山海经·海外北经》，相柳是共工的臣属，九首蛇身，在九山之中觅食。相柳所过之处，土地会变为沼泽溪潭。传说中大禹杀了相柳之后，相柳的血所漫延到的土地都不能再种植五谷。大禹用土堵了三次都没用，于是只好做成一个水池。

大禹杀相柳，是大禹治水神话的一部分。据说洪水就是水神共工导致的，而相柳又是共工的臣属，所以大禹治水就与共工、相柳都进行了斗争。从科学角度解释，如果共工可以视为洪水的化身，那么相柳的血污染过的土地不能种植，应该是指代水位抬升导致的土地盐碱化。相柳在《大荒北经》又作相繇。

电影《博物馆奇妙夜》中，相柳作为中国元素出现过。

猪妖

〔日〕水岛尔保布《绘本西游记》

猪妖

最为出名的猪妖应该是《西游记》中的猪八戒。猪八戒法名悟能，又称八戒，是《西游记》中的重要角色。书中的他懒惰、顽劣，虽然前身是天蓬元帅，但性格与猪的习性很相似。时常与孙悟空争执，孙悟空因“三打白骨精”被赶走，也有他多嘴多舌的缘故。但他憨态可掬，开路化缘、降妖除魔也很勇敢，颇有可爱之处。到了西天之后，佛祖念其功劳，封他为净坛使者。

值得一提的是，猪八戒在原始西游故事中，并不是二师兄。猪八戒从元代杨景深《西游记杂剧》才进入西游故事，而此前孙悟空、深沙神（沙和尚）就已经存在了。《西游记杂剧》中说裴太公女儿许配给朱太公儿子，但因为朱家没落，裴家想悔婚，此时黑风山的黑猪精就变成朱公子，把裴姑娘骗到山里。唐僧师徒赶到，孙行者变成裴姑娘赶跑猪精，猪精把唐僧抓走。后来孙行者请来二郎神，放出哮天犬才抓获猪精，而裴姑娘和朱公子也终成眷属。

《封神演义》里也有猪妖，即梅山七怪中的朱子真，打扮成头陀，持剑步战。后来露出本相吃下杨戬，被杨戬在体内驱使奔入周营，后被斩首，封伏断星君。

猴妖

〔日〕水岛尔保布《绘本西游记》

猴妖

猴妖，顾名思义是指猴类成妖。《西游记》中孙悟空和花果山中那些猴子猴孙们自然也是猴妖。在孙悟空之前，猴妖的名声可不太好，猴玃抢妇的故事在民间广为流传，而且就连孙悟空都自陈吃过人呢。

据晋代张华《博物志》，蜀地的南山之上有大猴子，能够识别男女的气味，专门掳走女子，过路的人总是用绳子互相牵着走，但还是防不胜防。被猴妖掳去的女子，一般都不会归还，除非这女子生下了孩子。这些女子生下的孩子，与常人无异。这时猴妖会将母子二人都送返回家，并要求女子好好照顾孩子，那些没有遵从猴妖吩咐好好照顾孩子的人，都会离奇死亡。

猴妖掳走美人占为己有的故事在古代典籍中屡见不鲜，宋代话本《陈巡检梅岭失妻》中记载，在梅岭有一个怪物，名叫白巾公，是猢狲成精，它有三个兄弟：通天大圣、弥天大圣、齐天大圣，其中齐天大圣十分好色，经常兴妖作法，摄走它中意的女子。陈巡检的妻子就是这些不幸的女子之一。最终，这齐天大圣被紫阳真君派人收服，押入酆都大牢。

此外，在《山海经》中与猴相貌类似的“举父”“长右”都是不祥之兆，看来猴妖确实为人厌恶。

为什么孙悟空会成为一个正面角色？因为他是佛教神猴故事与民间妖猴传说的合体。

胡适先生认为孙悟空来自印度史诗《罗摩衍那》的神猴哈奴曼。根据成书于公元前 4 世纪至前 3 世纪的古印度史诗《罗摩衍那》，阿约爹国王大刹拉达的长子叫罗摩，娶美人悉多为妻，但被后母挑拨放逐。罗摩在流放中碰到女妖苏白，并且拒绝苏白爱意；苏白因爱生恨，唆使兄长拉凡纳将悉多抢到楞伽。于是罗摩求助于猴子国国王苏格力法，并得到神将哈奴曼相助，最终夺回妻子。哈奴曼一跃能够从印度到楞伽；与敌方妖怪斗法时，能缩小身体进入对方身体。

在宋代佛教诗话《大唐三藏取经诗话》中，就出现了一个“猴行者”。它本是花果山紫云洞的“八万四千铜头铁额猕猴王”，追随唐僧一路上降妖除魔，最后被封为“钢筋铁骨大圣”，这明显就是孙悟空的直接原型了。

鲁迅先生则认为孙悟空来自唐传奇的淮水水怪无支祁。根据宋《太平广记》引唐《古岳渎经》，无支祁是淮水水怪，它形似猿猴、力大无穷，无恶不作、为害百姓。大禹为了降服它，请来掌管时间的天神庚辰。无支祁战败借水遁走，被庚辰掷出戟砸中获擒，之后大禹将其锁上，压在淮水下游的龟山之下。而到与元末明初的《西游记杂剧》中，孙悟空有姐弟五人，分别是骊山老母、巫枝祇圣母、齐天大圣、通天大圣孙悟空和耍耍三郎。这里的巫枝祇很明显就是无支祁的谐音。

此时孙悟空还只是“齐天大圣”的兄弟，说到兄弟，《西游记》里孙悟空有几个结义兄弟：平天大圣牛魔王、覆海大圣蛟魔王、混天大圣鹏魔王、移山大圣狮驼王、通风大圣猕猴王、驱神大圣禺狨王。为什么有这么多“大圣”？这与东南地区的地方信仰有关，大约南方浙、闽、台一带多山，流传不少类似《山海经》的妖怪传说，其中最多的就是被称为“大圣”的妖猴。

总的来说，孙悟空的形象实际上可以一分为二，“西天取经”的形象来自猴行者，“大闹天宫”的形象来自大圣传说。

貘

〔日〕《怪奇鸟兽图卷》

貘

据《说文解字》，貘是一种黄黑色如同熊的神秘生物，产于四川地区。

清代段玉裁《说文解字注》中说貘还是一种食铁兽，也就是《尔雅》中的白豹、《山海经》中的猛豹。当时川东地区有樵夫带着铁饭碗进山砍柴时，经常被貘所啃食。有些奸民还把貘齿装作佛齿。晋代郭璞注《山海经》也提到："猛豹似熊而小，毛浅，有光泽，能食蛇，食铜铁，出蜀中。豹或作虎。"这样的特征很容易让我们想到一种动物，就是大熊猫。

唐代白居易在《貘屏赞》中说"貘者，象鼻、犀目、牛尾、虎足，生南方山谷中，寝其皮辟瘟，图其形辟邪"，还附加了辟邪功能。

值得一提的是，貘的传说传到日本后，新增了一种神奇的属性，它以人的噩梦为食，所以又叫食梦貘，但这个食梦的功能来自伯奇。在《白泽精怪图》里，人们晚上做噩梦起床要念咒语"伯奇！伯奇！不饮酒，食六（家）常食，高兴地，其噩梦归于伯奇，厌恶息，兴大福"七次，这样才能摆脱噩梦的灾害，可见"伯奇"才是古代的食梦神兽。

讹兽

〔清〕汪绂《山海经存》

讹兽

据《神异经》，在西南的大山之中，有一种生物名为讹兽。它的外形如同兔子，长着人的脸，非常爱骗人。它喜欢颠倒黑白，将善说成恶，将东说成西，常有人被它欺骗。据说讹兽的味道非常好，但如果人吃了它的话，就再不会说真话了。

巴蛇

〔明〕蒋应镐《山海经（图绘全像）》

巴蛇

据《山海经·海内南经》，巴蛇吞下大象之后，要消化三年才能将象的骨头吐出。这些骨头如果被君子服用，可以治疗心脏、腹部的疾病。巴蛇青、黄、红、黑相间，还有一种说法是它通体黑色，长着青色的头，生活在犀牛栖息地的西方。

另一篇《海内经》中的朱卷国也有青首食象的黑蛇，应该也是一类。蛇能吞象，实在令人费解，所以屈原在《楚辞·天问》中就发问过："一蛇吞象，厥大何如？"巴蛇身体如此巨大，应当也相当之长。《北山经》记载了长蛇和大蛇，应该都属于这一类。

后羿射日的故事里，也记载了后羿斩修蛇于洞庭。修蛇就是长蛇，后世认为也就是巴蛇，所以岳阳古称巴陵。今天岳阳楼边的巴陵广场还有后羿射巴蛇的雕像。清代胡文焕提到，南方的蚺蛇也会吞鹿，大者有十余米长，可能是巴蛇的原型。据《玄中记》，昆仑西北处有一座山，周长有三万里，可一条巨蛇竟将这座山绕了三圈，它生活在此处，饮食皆取自沧海之中，这蛇可以说是非常修长了。

魍魉

〔日〕鸟山石燕《画图百鬼夜行》

魍魉

魍魉，也被写作罔两，是一种精怪。《国语·鲁语》说：“木石之怪，曰夔、魍魉；水之怪，曰龙、罔象；土之怪，曰羵羊。”可见魍魉是一种木石中生长的精怪。

《左传》说，人在山川密林里行走的时候，要学会主动躲避魑魅魍魉。晋代杜预注说，这里的魍魉是水神，其实水神应该是罔象。不过罔两、罔象发音相似，或许也就是一个名词的分化。《搜神记》记载，颛顼有三个不争气的儿子，死了变成疫鬼为害人间。老大住在长江为疟鬼，传播疾病；老二就是魍魉鬼，住在若水；老三叫作小儿鬼，住在人家里，喜欢惊吓小孩。

化蛇

〔清〕吴任臣《山海经广注》

化蛇

据《山海经·中山经》，化蛇生活在阳山，阳山这个地方草木稀少，有很多石头。化蛇是一种长着人面的灾蛇，具备豺的身体、鸟的翅膀，行走如蛇，叫起来如同人叱呼的声音，它出现就是城邑将发大水的征兆。

由于化蛇身上具备各种动物的特征，因此历代《山海经》绘图之中，化蛇都有不同的形状。比较常见的一种是兽状，人面豺身四足，蛇尾鸟翼；另一种则是蛇状，人面蛇身，鸟翼无足，做蛇飞行状。

同化蛇一样主灾的蛇在《山海经》中还有鸣蛇，鸣蛇长了四只翅膀，出现会发生旱灾，与化蛇外貌、属性均不同，但都让人见之色变。

蜃

〔明〕王圻、王思义《三才图会》

蜃

蜃是海中的怪兽。《礼记·月令》中说，野鸡进入大海就会变成蜃。汉代郑玄注《礼记》说，蜃是一种大蛤蜊。这种说法在民间广为流传，连立冬的物候里都有这一条。据说从立冬开始，水面渐渐结冰，土地凝聚冷气，野鸡进入大海化身成蜃。《述异记》则说黄雀秋天化作蛤，春天变回黄雀，五百年就变成蜃蛤。

还有一种说法认为，蜃并非大蛤蜊，而是蛟之属，形状如同大蛇，头上有角，腰部以下都是逆鳞，以燕子为食。蜃吐气为楼台，称作蜃楼，蜃楼如梦如幻，令人目眩神迷。点燃蜃做成的蜡烛，烟雾中也会出现缩小版的蜃楼。但今天我们都知道，海市蜃楼本质其实是一种光的折射和全反射现象，与怪物无关。

《史记·封禅书》说齐威王、齐宣王、燕昭王派人入渤海寻找蓬莱、方丈、瀛洲三座仙山，远远看着好像在云里，快到了发现山在水下，再靠近山却被风吹消失了。这可能也是一种海市蜃楼现象。明登莱巡抚袁可立在登州看见了海市蜃楼，在蓬莱阁留下千古名篇《观海市诗》。

蜘蛛精

〔日〕水岛尔保布《绘本西游记》

蜘蛛精

蜘蛛精，即蜘蛛成精。古典文学中最有名的蜘蛛精，当然就是《西游记》的七只蜘蛛精。

她们本来住在盘丝洞，后来又抢了七仙女洗澡的濯垢泉，变成仙女模样天天在泉边洗澡、玩耍。后来唐僧师徒取经路过盘丝洞，唐僧被七只蜘蛛精擒获，她们会从肚脐眼发射蜘蛛丝。后来孙悟空、猪八戒找上门来，七只蜘蛛精让昆虫养子蜜、蚂、蠦、班、蜢、蜡、蜻堵住二人，放弃唐僧逃到师兄蜈蚣精的黄花观了。孙悟空、猪八戒消灭虫怪救出师父，一行来到黄花观，蜘蛛精终于被孙悟空打死。

电影《大话西游》中的春三十娘，原形也是一只蜘蛛精。

日本水木茂《妖怪大全》记录了一个“土蜘蛛”。平安时代大将源赖光曾患疟疾，怎么也治不好，有一天帐下“四大天王”退出时，源赖光在隐约微弱的烛光中，发现一个七尺多高的大法师朝他投掷出细丝。源赖光大喝一声“妖怪”，抽出枕边宝刀砍去。四大天王进来只发现烛台下有一摊血，顺着血迹找到一座巨大的古墓，掘开古墓发现一只巨大的土蜘蛛，土蜘蛛又投出细丝，最终被众人联手斩杀。

蝎子精

畅小米 绘

蝎子精

蝎子精，即蝎子成精。在《西游记》中，蝎子精本来是雷音寺的一只蝎子，因为听佛讲经也有了法力。有次因不合掌被如来随手推了一把，它就用倒马毒桩扎了如来一下。如来命令金刚捉拿它，它就化作美女，躲在西梁女国附近的毒敌山琵琶洞。

后来唐僧师徒路过女儿国，蝎子精用旋风卷走唐僧，想与唐僧结成夫妻。孙悟空、猪八戒来救，蝎子精拿一柄三齿钢叉，鼻中喷火，口中吐烟，孙悟空、猪八戒联手也不是她的对手。后来孙悟空根据观音的指点，找来蝎子精的克星——昴日星官，蝎子精才被除去。

还有个很有名的蝎子精，就是20世纪80年代国产动画片《葫芦兄弟》中的大反派蝎子精，最后与妻子金蛇精一起被葫芦兄弟压在七彩葫芦山之下而死。

火精

畅小米 绘

火精

据《搜神记》记载，三国魏安平太守王基家里出了怪事，让精通卜筮的管辂为他算卦。管辂算出有个低贱的女子生了个男孩，男孩一落地就自己走入灶中烧死。为什么呢？因为火精宋无忌把他拉入了火中。《博物志》也提到火之怪宋无忌，与水石之怪龙、罔象，木之怪夔、罔两，土之怪羵羊齐名。据《白泽精怪图》，宋无忌喜欢穿着红色短裤，如果家里无故失火叫他名字就行了。

刘义庆《幽明录》中记载，彭城人刘澄时常见到鬼，义熙五年的时候，刘澄在夜间曾见到一个红衣小儿，手中拿着一把盛大如芙蓉花的赤色旗子。第二天刘澄待的地方果然有火灾发生。东晋的时候，王弘为吴郡的太守，一天他在大厅中见到一面红色的旗子往别人家飞去，没过多久，那户人家就发生了火灾。这个红衣小儿应该也是宋无忌一类精怪。

不过在《史记·封禅书》里，宋无忌不过是战国燕国羽化登仙的一个方士。而《太平寰宇记》则记载唐代名相牛僧孺在武昌时立庙祭祀他，以祈求不会发生火灾，证明宋无忌从方士到火精再到火神，形象发生了多次转变。

怪

凤凰

〔明〕蒋应镐《山海经（图绘全像）》

凤凰

凤凰，又叫凤皇。据《山海经·海内西经》，凤凰和鸾鸟一起，头上戴着蔽。蔽，即是盾牌，或许只是对凤凰之冠的形容。但有趣的是，明代蒋应镐《山海经》图本中的凤凰，其中一爪还握着一支长矛。另一篇《海内西经》则说，凤凰与鸾鸟的头上缠绕着蛇，爪下踩踏着蛇，胸前也挂着红蛇。

据《大荒西经》记载，五采鸟有三个品类：鸾鸟、凰鸟、凤鸟。唐代孔颖达认为，凤凰这种神鸟，雄的叫作凤，雌的叫作凰。看来凤与凰还是有所区别，但一般都被归为一种鸟了。

凤凰是非常吉祥的神鸟，《山海经·南山经》也说凤凰是一种长得像鸡的神鸟。它五彩斑斓，头上花纹形成德字，翅膀花纹形成义字，胸前花纹形成仁字，背部花纹形成礼字，腹部花纹形成信字。饮食自然，自歌自舞，出现则会天下安宁。

凤凰应该源于东方神话。《诗经·玄鸟》提到“天命玄鸟，降而生商”，商祖契是母亲简狄吞了玄鸟蛋而生，玄鸟据《离骚》所说就是凤凰。东夷首领太昊的后人是风姓，风在甲骨文假借“凤”字，当也与凤凰传说有关。东夷另一首领少昊以鸟为官职，而凤凰又是最大的神鸟。

精卫

〔明〕蒋应镐《山海经（图绘全像）》

精卫

据《山海经·北山经》，精卫是发鸠山上的一种鸟，样子如同乌鸦，花脑袋，白色的嘴，红色的爪子，它的鸣叫声就是它自己的名字。精卫原来是炎帝的小女儿女娃，她在东海边游玩，不慎淹死在了海水里。她的魂魄化作了精卫鸟向西方飞去，不断地衔来西山的树枝和石子，投到东海里，想填平大海。

然而石子怎么能填满大海呢？所以后世一般用这个典故，来表现百折不挠的意志和抗争到底的精神。比如晋代陶渊明在《读山海经》诗中说“精卫衔微木，将以填沧海”，讲的就是这个故事。这又是一个先民思维人、神、兽不分的典型案例。

有趣的是，文献记载炎帝三个女儿，不是成了妖怪，就是成了神仙。除了精卫之外，一个是《水经注》记载的瑶姬，没有出嫁就病死了，葬在巫山的南面，这就是巫山神女的来历；还有一个是《列仙传》记载的少女，跟随雨师赤松子修仙去了。

比翼鸟

〔清〕吴任臣《山海经广注》

比翼鸟

据《山海经 · 西山经》，有一种鸟类叫蛮蛮，形状如同野鸭，但只有一只翅膀和一只眼睛，因此必须要两只鸟合起来才能够飞翔。蛮蛮生活在崇吾之山，出现的地方将会有水灾发生，是一种凶鸟。

后世传说中的比翼鸟与蛮蛮外形类似，但却不是凶禽而是吉物，《尔雅》也作鹣鹣鸟。东晋《拾遗记》记载，周成王六年，燃丘国就进贡给周王一对比翼鸟。这对比翼鸟长得像喜鹊，但是会衔南海的丹泥，在昆仑的大树上搭巢，遇到圣人就会出来，表示周公摄政的祥瑞。可见比翼鸟同时也是瑞禽，古代记载中的比翼鸟亦多取此意。

由于比翼鸟双双对对、不比不飞的特性，古人还常以比翼鸟作为忠贞爱情的象征，类似的还有比目鱼、比肩兽等等。唐代白居易著名诗篇《长恨歌》就用“在天愿作比翼鸟，在地愿为连理枝”形容唐玄宗和杨玉环的爱情。元代《琅嬛记》提到比翼鸟飞饮止啄，不相分离；死而复生，也必在一处。雄的叫野君，雌的叫观讳，合起来叫长离。

鬼车

佚名

鬼车

鬼车是一种九头怪鸟，多在清明时节天色晦暗的时候出现。鬼车的外形恐怖，除了九头以外，还有九对翅膀，但翅膀之间协调性不好，飞起来会伤害到自己。

鬼车身上血流不止，据说是在飞过一扇门的时候，正巧那扇门关闭，因此夹断了一个头，被夹断的头无法再生，伤口也无法痊愈，一直滴血不止。如果断头的血滴落在人户家里，就会有灾厄发生，因此，如果有鬼车路过家门，需要用狗驱赶，犬吠会让鬼车赶紧离开。《齐东野语》中记载，鬼车本来有十个脑袋，其中有一个脑袋被狗咬掉了，血流不止。如果遇到了鬼车，需要赶紧熄灭家中的灯火，并让狗大声吠叫，恐吓鬼车，让其速走。

清代王士禛《居易录》中记载，鬼车有一个名字叫作鸧。古书中有“奇鸧十首”的这个说法。在周代时鸧就已经出现过了，当时周公命人用箭射下鸧，最终只射下了鸧的一个脑袋。鸧也并非每次都那么好运。淳熙初年，有一个叫李寿翁的人驻守长沙，因为十分厌恶鸧夜晚的叫声，发布公告重金除鸧，最终鸧被飞虎营的士兵用弓弩射下，被俘获的鸧的形状与传说中一模一样。

龙

〔明〕王圻、王思义《三才图会》

龙

传说中，龙是鳞虫之首，它能游弋幽暗，也能翱翔光明；它能细能巨，能短能长。春分时它会在九天上生活，秋分时它又待在深渊之中。龙的形象威严，具备多种动物的特征，鹿角、蛇身、虎掌、鹰爪的形象广为人知。龙的种类丰富，据《淮南子》记载，龙有飞龙、翼龙、虬龙、蛟龙、螭龙五种。龙的形象及内涵的形成和发展经历了一定过程。

1987 年 6 月，河南濮阳西水坡出土了一处六千年前的墓葬，墓主的身体西侧发现了蚌壳排列的虎形动物，东侧发现了龙形动物。龙长 1.78 米，是目前所知年代最早、造型最大的龙图形，也被称为“中华第一龙”。这应该是一幅原始的天象图，里面有龙、虎二宫和中宫北斗。这里龙具备了角、腹、四肢和尾，已经奠定了后世“龙”的基本形象。

不过同时代红山文化出土的一系列玉龙多呈“C”形，无足，有的头像猪，也被称为“玉猪龙”，但这种“龙”可能已经是变体。因为从商代最早的甲骨文“龙”字看，与苍龙七宿的构图已经很相似了，与“中华第一龙”也是一脉相承的，大概是商人心中标准的“龙”形。在甲骨文中龙也已有了神性，商人曾制作土龙来模拟龙求雨，这种风俗到汉代仍存在。

关于龙的原型有多种说法，其实龙的原型可能就是苍龙星象，古人没有找到真实的动物与之对应，所以龙的形象也容易丰富和变化。这样一来就导致三个结果：一是龙身上其他动物的特征越来越多，不少动物都被认为是龙的原型；二是文物中没有标准名称的龙形动物，往往都被称作“龙”，如红山玉龙；三就是龙的神性也越来越重，并成为帝王的象征。

《论衡》说“世俗画龙之象，马首蛇身”，而从汉画像中四象的青龙来看，龙的四肢爪子却很齐备。《说文解字》称“龙，鳞虫之长，能幽能明，能细能巨，能短能长，春分而登天，秋分而潜渊”，指出龙形变化无常这一特点；宋代罗愿《尔雅翼》称“角似鹿、头似驼、眼似兔、项似蛇、腹似蜃、鳞似鱼、爪似鹰、掌似虎、耳似牛”，形象又要丰富很多。

《周易》中爻辞多次提到“龙”，如“潜龙勿用”“亢龙有悔”，证明在西周龙的神性就超出一般动物了。而到了春秋战国之际，龙就作为天帝的象征了，在《墨子》里有“帝杀四龙”的说法。随着“帝”的人王化，秦始皇也自称“祖龙”，是皇帝自称“龙”的开始。之后《史记》也称汉高祖为赤帝子，并且有斩白蛇的传说，把龙的祥瑞与五德国运联系起来。

龙虽然作为帝王专利是不断加强的，但始终没有作为帝王的专属品，这与佛教的传播有关。龙在佛教中地位并不是最高的。

古印度人对于“龙”的观念大致来源于中国，龙也有降雨的职能；并且把龙明确为水生动物中力量最大者，还有了“龙王”的称号。这种概念反过来又影响中国，和龙神崇拜、水神信仰相结合，成为民间盛行的龙王崇拜。

不过，民众向龙王祈雨有时也未必灵验，所以龙也未必都是善神；加上龙作为皇权象征不断加强，所以小说家可能也会用龙来含沙射影抨击朝政。不过总体来说，龙的神秘、高贵让国人神往不已。

麒麟

〔明〕王圻、王思义《三才图会》

麒麟

麒麟是一种瑞兽,《礼记》中将麒麟与凤凰并列，认为麟、凤、龟、龙是所谓的四灵。《说文解字》里说麒麟有着麋的身子、牛的尾巴，头上有一个角。麒麟与凤凰一样有雌雄之分，其中雄的叫作麒，雌的叫作麟。麒麟是仁德的象征，是一个时代有“圣王”的标志。

孔子与麒麟渊源不浅，根据《拾遗记》，孔子出生前曾有麒麟在他们家院中口吐玉书，玉书上写着周代衰微，有素王即将出世。孔子有王德而无王位，即所谓的素王。因为这一传说，民间也有了“麒麟送子”这一说法，哪家有了优秀出色的孩子，也会称作“麒麟儿”。

孔子后来还见过一次麒麟，据《左传》记载，公元前 481 年，鲁国大夫叔孙氏在西部的大野打猎，驾车人子钽商猎获一只动物，认为不吉利，赏赐给管山林的人。孔子细看后，才指出来，这是麒麟。据《公羊传》记载，孔子看到麒麟之后泪流不止，因为现在这个世界上并没有圣王，麒麟本不该出现，在不该出现的时候出现了，是不好的现象。因此有“孔子西狩获麟，遂不作春秋”的说法。

貔貅

貔貅石雕

貔貅

貔貅，是传说中的一种猛兽，也被称作辟邪。据《汉书》记载，在乌戈山离国有桃拔这种动物，三国孟康认为，桃拔像鹿一样长尾，独角是天禄，双角是辟邪。《清稗类钞》中说貔貅的形貌似虎又似熊，毛色灰白，因此又被叫作白熊，其中雄的叫作貔，雌的叫作貅。

貔貅又是威猛的代名词，据《史记·五帝本纪》，黄帝与炎帝在大战于阪泉之野时，就曾驱赶熊、罴、貔、貅、貙、虎作战，也有学者认为这里的动物实际上是指以动物为族徽的氏族，或者是一种作战的阵法。总之貔貅在后世都可以形容骁勇的军队。

貔貅因其凶猛，威震四方，所以有辟邪、镇宅、化太岁的作用；民间又有貔貅"只进不出"这一说法，因此貔貅也被看作招财、好用的象征。许多饰品都会刻做貔貅的样子，以期给人们带来安定和吉祥。

类

〔清〕吴任臣《山海经广注》

类

在亶爰之山有一种野兽，名字叫“类”。它的形状如狸猫，身披长发。它最奇怪的地方在于雌雄同体，据说人吃了它的肉，就不会产生忌妒心了。

关于类雌雄同体的特性，其他文献也有记载。《庄子》说“类，自为雌雄而化”，《列子》也说“亶爰之兽，自孕而生”，可见对于类互为雌雄这一认知是普遍的。明人杨慎《山海经补注》提到云南蒙化县有一种雌雄同体的“香髦”；清人郝懿行也指出类就是其他文献记载的灵猫、狸猫。

实际上，关于雌雄同体的说法，或许只是因为古人难以观察动物交配而产生想法，在《山海经》中，像类一样雌雄同体的人物、动物并不少见，比如《大荒北经》的犬戎。有学者认为，因为灵猫的芳香腺位于会阴处，可以伸缩，腺口的片状瓣膜可以启闭，古人很可能将其芳香腺囊和瓣膜误认为是生殖特征，认为其雌雄同体。

穷奇

〔清〕汪绂《山海经存》

穷奇

据《山海经·西山经》，穷奇生活在邽山，形状如牛，毛发如同刺猬，声音如同獆狗，有食人的习性；《海内北经》则说穷奇形状如同老虎，有翅膀。《神异经》还说它能听懂人的言语，常会从空中扑下掳人作食物。穷奇还惩善扬恶——它有着奇特的爱好，喜欢吃好人的鼻子，会赠送野兽给坏人以资奖励。

但穷奇也会做好事，《后汉书·礼仪志》说穷奇、腾根共食蛊。穷奇喜爱吃蛊毒，可以为人类祛蛊。在大傩典礼中穷奇是逐疫十二神之一，因此在一些记载中穷奇也是形象正面的神兽。

历史文献里穷奇同时也是人，《左传》说穷奇是少昊氏不成器的子孙，与混沌、梼杌、饕餮一起并称为天下四凶，有趣的是，混沌、梼杌、饕餮也都是《山海经》中出现过的神兽。

《淮南子》则说穷奇是风神的后人。穷奇在日本神话中，又被称作镰鼬。镰鼬是一个乘着旋风出现的妖怪，它会做一些恶作剧，速度快到让人根本感受不到，遇到它的人只会以为是一阵风吹过，所以穷奇又有“风刃”的称呼，正保留了《淮南子》“风之所生”的特征。

饕餮

〔明〕王圻、王思义《三才图会》

饕餮

饕餮是传说中的一种怪兽，以贪婪著称。《山海经》中有一种动物名字叫作狍鸮，生活在钩吾之山，形状如同羊而人面，眼睛长在腋下，声音如同婴儿，有食人的习性。晋人郭璞在注中说，狍鸮即饕餮，十分贪婪性急，哪怕吃人都是直接吞咽，反而害了自己。《神异经》中也说，在西南方有一种人，身上毛发茂密，头上戴着小猪一样的物件，贪婪狠恶，积攒很多钱财却不用，反而去抢夺别人的财产，这种恃强凌弱的人，就是饕餮。

《左传》记载，缙云氏有一个非常不成器的儿子，沉迷饮食而不知道节制，喜欢钱财到处受贿，生活奢靡作风颓废，欲望永无止境，天下的人民都十分厌恶他，将他称作饕餮，与混沌、穷奇、梼杌并为“四凶”。现代也将喜欢、擅长品鉴美食的人叫作“老饕”。

宋代罗泌《路史》说饕餮纹源自蚩尤，因为蚩尤的外貌与普通人不同，如同兽类但有翅膀。三代的鼎上有饕餮纹，是为了以蚩尤为戒，提醒人们不要贪虐。

白泽

〔明〕王圻、王思义《三才图会》

白泽

白泽是传说中的一种地位崇高的神兽，明代《三才图会》说白泽是狮子的身体、头上两个羊角。据《云笈七签·轩辕本纪》记载，黄帝巡狩到了东海遇到了白泽，白泽不但知道天下万物的情况，而且通晓多达 11520 种精怪之事。于是黄帝让白泽将所知道的精怪用图画下，用文字标明，以告知天下。这些图文，即《白泽精怪图》。

《白泽精怪图》这部书在中古时期确实存在，记载的是各种精怪的名字、相貌以及驱除方法。古代人们出门远行时，身上往往都会带着《白泽精怪图》，因为白泽知道精怪的弱点，所以山野精怪会主动回避带着《白泽精怪图》的人。因为白泽可以趋吉避凶，所以白泽形象也广泛运用在物件上。唐代《通典》说帝王之旗就有绘制白泽的形貌，被称为白泽旗；《新唐书·五行志》记载唐中宗韦皇后的妹妹用虎豹枕辟邪、白泽枕驱魅。

除此之外，一种土怪也叫作白泽，长得如同人手，人如果服用了它的话会没有疾病，身体强壮；还有一种海兽也叫作白泽，宋真宗年间曾在海上出没，掀起的风浪差点让船只沉没，后来杭州建造了一间白泽大王祠祭祀它。

烛龙

〔明〕蒋应镐《山海经（图绘全像）》

烛龙

据《山海经·大荒北经》，在西北海外赤水之北的章尾山上，有一个神人，有人的脸、蛇的身，浑身红色，眼睛竖生，眼睑是两条直缝。当它睁眼的时候，白昼到来；当它闭眼的时候，黑夜降临。它不饮不食，不睡觉不呼吸，只需要吞噬风雨。它的名字叫作烛九阴，也就是烛龙。《海外北经》提到钟山的烛阴神，应该就是烛九阴、烛龙。

《淮南子》说烛龙住在雁门之北的委羽之山。屈原在《楚辞·天问》中提出“烛龙何耀”一问，就是问烛龙怎么会发光的。《淮南子》里也讲述了烛龙的故事，说烛龙所在的位置在雁门以北，人面龙身。因为对烛龙的记载中多有极北、不见日、寒冷等描述，很多人认为烛龙应该是极光的神化。

烛龙和很多神兽明显不同，它睁眼为昼、闭眼为夜，具有创世神神格。不过，袁珂先生认为，烛龙虽然神通广大，但到底没有进化出人的形象，所以在《山海经》中地位不高，很快被后世史籍遗忘。不过，烛龙这种人首蛇身的样子，却又影响了后起的人类始祖伏羲、女娲以至盘古的形象。

应龙

〔清〕吴任臣《山海经广注》

应龙

据《山海经·大荒东经》，应龙住在凶犁土丘的南端。因为杀死了蚩尤与夸父，应龙不能再回到天庭，所以人间常常发生旱灾。当旱灾发生的时候，人们会学着应龙的样子求雨，果然应验。

应龙是司风雨之神，《楚辞·天问》中有："应龙何画？河海何历？"汉代王逸在注中解释，相传大禹治水之时，有神龙以尾画地，疏导了水的路径，解决了大禹的困扰，后世以应龙求雨，来源于此。据北宋郑侠的《西塘集》记载，英州时常发生旱灾，郑侠就在心中与应龙约定，如果英州七年都不发生旱灾，就为应龙建祠。后来英州七年之间果然风调雨顺，郑侠随即履行了约定。

传说蚩尤、夸父同为炎帝之裔，在炎帝失败后继续与黄帝进行战斗。应龙属黄帝派系，杀害了蚩尤与夸父。在《大荒北经》中，蚩尤与黄帝大战于冀州之野，蚩尤请来了风伯雨师，纵大风雨，于是黄帝派出了主旱的女魃，风雨停止，失去了助力的蚩尤被杀。

应龙是龙的一种，《广雅·释鱼》中说："有鳞曰蛟龙，有翼曰应龙。有角曰虬龙，无角曰螭龙，未升天曰蟠龙。"龙乃最为高贵的神兽，可见应龙之神通。

乘黄

〔明〕王圻、王思义《三才图会》

乘黄

据《山海经·海外西经》，有个白身披发的白民之国，在这个国家有一种神兽，叫作乘黄，也被叫作飞黄。乘黄长得像狐狸，背上有角。传说中如果乘坐乘黄，可以增寿三千年。《逸周书·王会解》也提到白民乘黄，背有两角。李剑国先生认为乘黄应该是狐的变体。

不过在文献中乘黄多用作马名。最早是《诗经·郑风·大叔于田》就提到“叔于田，乘乘黄”，这个“乘黄”是四匹黄马的意思；后也多作为神马、良马、御马的代称。《管子·小匡》“地出乘黄”的“乘黄”就是神马；唐代杜甫有诗《瘦马行》，其中“士卒多骑内厩马，惆怅恐是病乘黄”的“乘黄”就是良马；《资治通鉴》说李彪“坐舆禁省，私取官材，辄驾乘黄”的“乘黄”就是御马。

开明兽

〔明〕蒋应镐《山海经（图绘全像）》

开明兽

据《山海经·海内西经》，昆仑山是天帝的下都。方圆八百里，高万仞，山上有木禾、九井、九门。门有开明兽镇守，神祇都在这里。这里的八隅之岩、赤水之际，除了仁羿没人能够攀上。昆仑南渊深三百仞。开明兽身体庞大，形态似虎，有九个头，且每个头都是人面。

开明兽是昆仑上的山神，也是为天帝镇守天门的神兽。《淮南子》说东方的东极之山，有开明之门。东极之山当也是类似昆仑之类的天帝下都。开明兽与鸾鸟、凤凰相邻，都是地位极高的神兽。《海内西经》中记载，开明兽还看守着太岁、珠树、不死树这些神奇的植物。

《山海经》中昆仑的守卫还有《西山经》的陆吾与《大荒西经》的人面虎身神。不过开明兽是虎身九人首，而陆吾则是虎身九尾。马昌仪先生认为三者实为一神，是神话传说变异的反映，汉画像石上也有人面九首兽纹饰。

在后世《山海经》图本中，两者的形象也逐渐混同了，在胡文焕、毕沅图本中的陆吾，都是人面虎身九首，这就和《山海经》中的开明兽描述一致了。

当康

〔明〕蒋应镐《山海经（图绘全像）》

当康

据《山海经·东山经》，钦山上有一种野兽，长得像猪但有牙齿，他的叫声就是自己的名字，如果出现了天下就会大丰收。

当康的原型可能就是野猪。汉《神异经》说南方有一种长得像鹿，但是猪头有牙的动物。这种动物叫作无损之兽，很可能就是当康。在《山海经》图本里有三种形态，一种是主流的猪形；一种是胡文焕图本"当庚"，不似猪而似鼠形；一种是日本图本"当庚"，是一种人面兽。

獬豸

〔明〕《山海百灵图卷》

獬豸

据东汉蔡邕《独断》，獬豸是一种独角兽，秦朝御史、廷尉等执法者戴的帽子就叫“獬豸冠”；《后汉书》称“獬豸”是楚国一种能明辨是非的神羊，楚王得到它就以其命名“獬豸冠”。獬豸，也被写作獬廌，是一种独角神兽；《神异经》中说它形状如羊，独角，四足，毛为青色。

獬豸擅长辨别是非曲直，如果看到人争斗，它会用角去攻击那个不占道理的；如果看到人争吵，它会去啃咬那个持身不正的，因此獬豸可以说是断案神兽，所以獬豸又有一个名字叫作任法兽。传说古代司法鼻祖皋陶就拥有一只獬豸，在獬豸的帮助下，皋陶断案几乎都没有差错。后世的执法官员的帽子叫作獬豸冠，就是取獬豸公正之意。法律的“法（灋）”，据说就与獬豸有关，今天法院门口蹲着的神兽、法官槌上雕刻的神兽也是獬豸。

比肩兽

〔清〕《尔雅音图》

比肩兽

据《山海经·海外北经》，北海内有一种长得像马的白色神兽，名字叫蛩蛩。《吕氏春秋》提到北方有一种生物名字叫作蹶（蟨），它的前肢像老鼠、后肢像兔子，走快了就要绊倒，跑起来就会跌跤。它常常给蛩蛩距虚寻找甘草，当蹶有危险时，蛩蛩距虚也会背着它逃跑。《尔雅》认为蹶就是一种比肩兽，与蛩蛩距虚是共存的关系。

清代郝懿行认为，蛩蛩距虚形状如同马，前肢是鹿的样子，后肢是兔的样子，由于前脚高而不擅长寻找食物，只擅长奔走；而蹶擅长寻觅食物，但是不方便走路。因此这两种生物互相合作，由蹶负责处理食物，蛩蛩距虚负责行走。这让人想到“狼狈为奸”。这样看来，比肩兽似乎应该是没有神秘色彩的。

不过《山海经》等神话文献记载了比肩民、比目鱼、比翼鸟等，这些神兽的特征都是半体。晋代郭璞认为比肩民各自只有一只眼睛、一个鼻孔、一只手臂、一条腿，那么比肩兽的本义可能也是各自只有一半身体的神兽，肩膀要并在一起才能行动。《宋书·符瑞志中》有“比肩兽，王者德及矜寡则至”的说法。

文鰩鱼

〔明〕蒋应镐《山海经（图绘全像）》

文鳐鱼

据《山海经·南山经》，文鳐鱼生活在泰器之山的观水之中，形如鲤鱼，但兼有鸟翼，是一种飞鱼。它有着白色的头、红色的喙，体色苍驳，声音如同鸾鸡。当夜色降临，文鳐鱼会遨游在东海与西海之间，左思《吴都赋》里说“精卫衔石而遇缴，文鳐夜飞而触纶”，说的正是文鳐鱼夜飞的习性。

文鳐鱼又可作药用，其肉酸甘，食用可以治疗癫狂。而且，文鳐鱼是一种主吉的鱼，它的出现意味着天下丰收。在《穆天子传》中，周穆王西巡时见到了雍容高贵的西王母，西王母的车旁就有文鳐、白虎侍奉，这也是文鳐鱼祥瑞的一种表现。

不过文鳐鱼可不是这么好抓的。《歙州图经》中有一则故事，传说歙州有人在溪水之间结网捕鱼，有的鱼顺利穿过渔网，而那些飞不过去的鱼就就地变成了石头。每当下雨的时候，这些石头就会变成红色，这就是歙州赤岭的由来。

飞鱼这种动物，确实是存在的。但实际上并不能飞翔，而只能在水面滑翔。电影《少年派的奇幻漂流》中就有飞鱼滑翔的壮观画面。

赤鱬

〔明〕蒋应镐《山海经（图绘全像）》

赤鱬

据《山海经·南山经》，赤鱬是人鱼的一种，鱼身人面，叫声如同鸳鸯一般，据说食用赤鱬的肉可以防治疥疮。《山海经》中的人鱼不少，比如《北山经》中的人鱼、《中山经》中的鯑鱼、《海外西经》中的龙鱼、《海内北经》中的陵鱼等。《史记·秦始皇本纪》也说秦始皇陵用“人鱼膏”作长明灯燃料。那么，人鱼的原型到底是什么？

古文献有两种代表性说法。一种是鲇鱼、大鲵、娃娃鱼，这在明代李时珍《本草纲目》、清代吴任臣《山海经广注》中均有记载；另一种是鲸鱼，《太平御览》引《三秦记》直接说秦始皇陵燃烧的就是鲸鱼膏，而明代也将雷州鲸脂列为贡品，欧洲也用其作过灯油。

如果就“人鱼膏”来说，更可能是鲸鱼；但“人鱼”这个形象，本身应该是杂糅不少想象的。

后世也有不少人鱼传说。比如晋代《搜神记》就提到住在水里的鲛人，他们以织布为生，流下的眼泪都是珍珠。宋代《太平广记》记载了美人鱼。人鱼传说在世界范围都非常流行，最经典的就是《海的女儿》中的人鱼形象。

形天

〔清〕吴任臣《山海经广注》

形天

据《山海经·海外西经》，形天就是刑天。刑天神话是中国神话中最为悲壮动人的神话之一。相传刑天与天帝争位失败，天帝将他的头葬在了常羊山。但刑天并未因此服输，他以双乳为目，以肚脐为口，手持盾牌与斧头继续与天帝作战。刑天的这种精神感染了很多人，晋代陶渊明《读山海经》诗中有“刑天舞干戚，猛志固常在”之句。

《唐等慈寺碑》里有“刑夭之魂，久沦长夜”的记载，《道藏》本的《山海经图赞》以及《酉阳杂俎》中也作刑夭，宋本《御览》中刑夭、刑天两种写法都有。袁珂先生认为，甲骨文的“天”与“夭”字均有人首之象，是巅、顶之义，刑天本是无名之神，刑天即是断首的意思；同时也可以做形夭理解，指形夭残。

对于经文中的“帝”，袁珂认为《路史》提到炎帝命刑天作乐，而刑天被杀的常羊山又是炎帝出生地，故刑天是炎帝手下，与其作战的是黄帝。当是炎帝与黄帝斗争失败后，夸父、刑天等属臣相继举起斗争大旗。汉代高诱认为刑天即是《淮南子》的形残之尸，晋代郭璞认为又叫无首之民。

山鬼

〔清〕萧云从《离骚图》

山鬼

屈原的《九歌》里有一篇《山鬼》，在诗中山鬼是一位美丽、痴心的姑娘，她以杜衡、薜荔作为装饰，赤豹为她拉车，花猫与她做伴，整体洋溢着自然的气息。她与心上人约定了见面，但心上人迟迟不到，风雨来了山鬼也未离去。直到天色黑暗，她才满心忧伤地离开。

以郭沫若先生为代表的许多学者认为，《九歌》中这个等待爱人不至的山鬼，就是传说中的巫山神女；还有另一种说法认为，山鬼就是山神的意思，只因不是正神，因此称之为鬼。

宋代洪兴祖在《楚辞补注》中却说，山鬼应该是夔或者枭阳一样的精怪。夔是一种只有一只脚的精怪，人面猴身，能说人话，越地的人管它叫山臊。《神异经》中记载，山臊生活在西部的深山之中，身材矮小，喜欢以虾蟹为食，而且胆子很大，对人并不惧怕。山臊也被叫作山魅、山魈。《南唐记》中说，山中有一种生物叫作木客人，形状如同人，但有着鸟爪，木客即山魈。南朝宗懔《荆楚岁时记》中说，山魈最害怕爆竹的声音，正月初一放爆竹正是为了驱散山魈和恶鬼。

天狗

〔日〕鸟山石燕《画图百鬼夜行》

天狗

据《山海经·西山经》，在阴山上有一种动物名为天狗，形状如狸，白脑袋，声音如同猫叫，可以御凶辟邪。据说还会吃蛇，明代胡文焕图本的天狗即叼蛇状。关于天狗辟邪的传说，《秦氏三秦记》记载春秋秦襄公时，有天狗来到白鹿原的狗枷堡一带，见到有贼人时天狗就会大叫，当地人民从此安居乐业。

天狗在古文献中又是一种流星、彗星，《史记·天官书》记载："天狗，状如大奔星，有声，其下止地，类狗。所堕及，望之如火光炎炎冲天。"所以天狗又成了凶星的代名词，和《山海经》中的天狗完全不同。

还有一种天狗，就是天庭的神犬，最有代表性的就是二郎神的哮天犬。

值得一提的是日本的天狗。在日本早期，天狗的意思也作流星理解，但此后天狗的含义在日本逐渐变化，并融入了山岳信仰的宗教因素，最终演变成了非常独特的天狗传说。日本传说中的天狗，有一张红色的脸，一个大鼻子，长着一双翅膀，身强力壮、力大无穷，住在深山之中，平常拿着一把团扇，还会高超的剑术。

烛阴

〔清〕吴任臣《山海经广注》

烛阴

据《山海经·海外北经》，烛阴是钟山之神，它身长千里，人面蛇身，眼睛睁开即是白昼，合上就是黑夜。一呼一吸之间冬夏轮换，它不饮、不食，气息一通便成为了风。《大荒北经》提到章尾山的烛九阴、烛龙，应该就是烛阴。

晋代郭璞的《玄中记》中的描述则有所不同，说的是北方钟山上有“石首如人首，左目为日，右目为月，开左目为昼，闭右目为夜；开口为春夏，闭口为秋冬”，应该也来自烛阴、烛龙的传说。

而《五运历年记》里则记载：“盘古之君，龙首蛇身，嘘为风雨，吹为雷电，开目为昼，闭目为夜。”基于盘古与烛龙这段描述雷同，袁珂先生认为，烛龙与盘古都有创世神的性质，烛龙应该是盘古的原型之一。

需要注意的是，清代成或因《山海经》图本和日本图本的烛阴都是蛇身女人首。

谛听

安徽九华山化城寺谛听像

谛听

谛听，是一种著名神兽，为地藏菩萨的坐骑。它如果伏在地上，可以听到天下所有生物的声音，它能通过这些声音来分辨善恶，鉴别贤愚。谛听在文字记载中最有名的一次出场，是《西游记》里辨别孙悟空和六耳猕猴，当时谛听已经分辨出来真假，但却不肯当面说破。只因六耳猕猴本就是孙悟空的另一面，可见谛听道行也非常高深。

敦煌所出土的地藏菩萨像，地藏座前就有一狮形兽。佛教故事《道明和尚还魂记》里记载，道明和尚曾经进入过幽冥世界，他见到地藏菩萨前面有一只狮子，便问菩萨，这只狮子是什么来历，为什么可以靠近圣贤。地藏菩萨告诉道明，这狮子是文殊菩萨的一个化身，与他一起在幽冥世界救苦救难。

地藏菩萨的道场在今天安徽九华山，今天九华山化城寺就有建造于康熙年代的谛听铜像。这个谛听像长 84.5 厘米，高 72.5 厘米，重 125 公斤，长得独角、犬耳、龙身、虎头、狮尾、麟足，为国家重点保护文物。

鸿蒙

畅小米 绘

鸿蒙

2019年，华为发布研发操作系统“鸿蒙”，有文章说“华为注册了整本《山海经》”，其实鸿蒙并非《山海经》中的神兽。

鸿蒙始见于《庄子·在宥》，说“云”将要东游，路过扶摇的枝条，而碰到了鸿蒙。这里的鸿蒙就是自然元气的意思。西汉刘安《淮南子·俶真训》则把鸿蒙比作东方之野、日所出处。后鸿蒙也多与“混沌”通用，表示天地开辟之初的元气状态。因其时间最为久远，又把天地初开的那段时间称为鸿蒙时代。

白虎

白虎拓印瓦当

白虎

据《山海经·西山经》，白虎生活在盂山，似乎并无特异之处。但其实白虎自古以来被作为瑞兽、义兽，当有至信、至德的人出现时，白虎才会显现。

白虎还是与青龙、朱雀、玄武并称的四灵之一，是主西方之神。二十八星宿中的奎、娄、胃、昴、毕、觜、参七宿，因其形状如同猛虎，配以五行之西方主白，故称白虎。在汉朝，青龙与白虎常会以门神的形象出现，是可以辟不祥的瑞兽。在道教中，白虎又被称为“监兵神君”，与青龙一起镇守山门。

白虎在土家族心目中地位非常崇高，土家族称白虎为“比兹”，也会敬称其为“白帝天王”。土家族的白虎崇拜有着悠久的历史，可以追溯到古巴人首领廪君时代，据《后汉书》记载，古巴人祖先廪君去世，魂魄就化为白虎。在很长的一段历史时期，土家族先民都被称作“白虎夷”“虎子”。

但白虎也不完全是吉神，就如土家族有吉祥的“坐堂白虎”和凶恶的“过堂白虎”一样，汉族民间也有邪神“退财白虎”“丧门白虎”的说法。

青龙

青龙拓印瓦当

青龙

青龙，是古代天之四灵之一，与白虎、朱雀、玄武并列。青龙起源于星宿，是东方七星（角、亢、氐、房、心、尾、箕）的总称。这些星宿连在一起仿佛一条威风凛凛的龙，又因为位置在东方，按照五行的理论，东方属木、属青，因此这片星宿被叫作青龙、苍龙，也被称作东方苍龙七宿。

因为龙在中国地位非凡，因此青龙也成为了四灵之首。在出土的汉画像石中，青龙频繁出现，可以看出早在汉朝青龙祥瑞的观念就已深入人心。

鬼

替死鬼

畅小米 绘

替死鬼

传说中，有一些人死亡之后被束缚在死的地方，不能解脱。这些鬼需要找到一个新的鬼代替自己的位置，它们总是想方设法地害人，如果害死了人，有新的魂灵来到这个地方，原来的鬼魂就可以离开。如此循环往复，害人不止。

据唐代《广异记》，天宝年间，剑南节度使章仇兼琼奉命回京，在汉阴休整。章仇兼琼独自骑马来到一处悬崖上，突然间马失前蹄，连人带马一起坠入悬崖。下属将他的尸身从悬崖下找回，发现他虽然没有了呼吸，但胸口一团余温久久不散。下属将事情上报，当地刺史派遣洛阳马都尉过来救助。马都尉刚到汉阴的驿馆，一句话都还没说，就扑倒在地，气绝身亡。

而与此同时，病榻上的章仇兼琼已经醒来，身上的伤口也消失了，与健康人无异。当天晚上，马都尉的夫人见到马都尉推门而入，脸色苍白。马都尉告诉她，他已经代替章仇兼琼死了，因为阴间的判官告诉他，章仇兼琼将来还有大事要做，现在不能死去。第二天早晨，章仇兼琼将马都尉的尸身送来，马夫人才知道这确实是真的。

厉鬼

畅小米 绘

厉鬼

相传厉鬼的来源有恶人死后变化的、横死变化的以及无人祭祀的孤魂野鬼。在《礼记·祭法》中天子、诸侯、大夫均会对无后的贵族祭祀，以防止他们变化为厉鬼来作祟。厉鬼神志癫狂，报复欲强烈，有时候对无辜的人也会造成伤害。如果怨气消解，厉鬼可以恢复清醒。

据清代纪晓岚《阅微草堂笔记》，乾隆二十八年（1763年）的五月，纪晓岚舅公姚介然从盐山返回崔庄，遇见一个五十来岁的人，此人戴着草笠，穿着苎麻衫，牵着一头驮行李的驴。一人一驴本在河边的树下休息，那人突然跳起来，用手做推开人的样子，对着空气说："我害了你的命！我还给你就是了，你不要来打我了！"过了好一会儿，此人言语逐渐变得模糊不清，随即纵身一跃跳进河水之中，没了踪影。

伥鬼

畅小米 绘

伥鬼

据五代孙光宪《北梦琐言》，被老虎吃掉、被水溺死的人叫“伥”，必须要找一个人替代自己。其中又以“虎伥”最为典型。据南朝刘敬叔《异苑》，武陵人虞德住在益阳夏蛮家中，忽然见到一张一尺多长的白纸，标记在夏蛮女儿头上，虞德将白纸撕掉，一会儿见到有只老虎来到窗边又走了。不久虞德发现一个老太太又来贴白纸，虞德又取走白纸，如此再三后虞德告诉了夏蛮。两人一起拿着棍杖，等到老虎来后击杀了它。

这部书另外记录了一个会稽人严猛的故事。严猛的妻子砍柴时被老虎吃掉，第二年严猛外出，忽然见到妻子说：“您今天出行，一定遭遇不测，我会来救您。”严猛继续向前走，忽然碰到一只老虎直扑过来，这时严猛的妻子就出来遮住严猛。恰巧有个胡人路过附近，严猛妻子就指向胡人，老虎也就朝胡人扑过去，严猛这才保住小命。

故事中的老太太和严猛妻就是“虎伥”，大概她们被老虎吃掉后，魂魄没有散掉，不能去别的地方，变成伥鬼成为老虎的仆从。当老虎出去找寻食物时，伥鬼就跟随老虎做向导，因此有“为虎作伥”一说。

恶鬼

畅小米 绘

恶鬼

恶鬼，在传说中指那些凶恶、常常害人的鬼，一些邪恶的人也被民间俗称为恶鬼。民间有“鬼上身”这一说法，很多时候这种鬼就是传说中的恶鬼。

据清代袁枚《子不语》，清代仁和县（今浙江杭州）有一个陈秀才，性情严厉。他有一个女儿，自幼喜好道术，整日里持斋诵经，也不愿意见家人，陈秀才很讨厌她。陈姑娘三十来岁时，有一天突然病重并满口胡话，说自己是江南的一个卖布的商人张四，前世曾雇用陈家的船，但被陈家的人所杀，还挖了他的眼睛，剥了他的皮。陈秀才心想女儿这是被恶鬼附了身，杀人劫财常见，但挖眼剥皮倒不常见，于是问恶鬼是哪年发生的事情。

恶鬼回答说是雍正十一年（1733 年）。陈秀才听后大笑，因为雍正十一年（1733 年）他女儿才三岁，不可能是船户。恶鬼方知自己找错了人，不过恶鬼非但不知错，反而要陈秀才给它三千文钱才走，不然就害死他的女儿。陈秀才说，它的债主并非自己女儿，却敢这样吓唬自己，想来自己女儿是阳寿快尽，并非恶鬼手段。恶鬼听后，离体而去。

吏鬼

畅小米 绘

吏鬼

传说中的吏鬼可以做两种理解。一种是掌管祭祀、祠堂的官员，可以称为吏鬼；一种则可以做鬼吏来理解，即阴曹地府的工作人员，与人间的小吏相似。冥界有阎王，也有专司鬼事的鬼吏、鬼卒，比如牛头马面、黑白无常就是有名的鬼吏。在民间传说中，判官是专司生死簿的鬼吏，为鬼公正严明，他知晓人的善恶，判定人还有多少寿数；还负责还阳转生的事务，在民间很受众人信仰。

痴鬼

畅小米 绘

痴鬼

痴鬼，指那些痴迷于某一件事情的鬼。因为沉迷的事情各有不同，所以痴鬼也多种多样，有的痴迷赌博，有的痴迷色相，有的痴迷于情，有的痴迷于物。《子不语》中就有一个和痴鬼有关的故事。

话说村子里面有一个老妇人，能见到鬼，有天见到了一个痴鬼。这个痴鬼二十七八岁时死了，因为放心不下妻子和孩子，不肯离去；日日夜夜守在妻子旁，形销骨立，惹人同情。哪怕妻子见不到他，甚至活人阳气会对他造成伤害，也坚决不走。后来，有媒婆来到家里给妻子议亲，他看到后惴惴不安不知所措。媒婆走后，他才面色稍缓。

最后妻子的亲事还是定了下来，男方来送聘礼那天，痴鬼失魂落魄地跟在妻子后面，到了门口，被门神拦了下来，痴鬼苦苦哀求才得以进门。进门后，他突然听到孩子的哭声，急忙找过去，发现是自己嫂子在殴打自己孩子。他又气又急，但却无能为力。目睹了这一切的老妇人，劝他放下不得，又实在不忍看下去，只好自己回家去了。

冤鬼

畅小米 绘

冤鬼

冤鬼，传说中指那些受了冤屈而死的人变成的鬼。它们一口冤气不散，不能得到解脱，只盼望能够沉冤昭雪，还自己一个公道。

宋代《太平广记》中记载，唐代贞元年间，有一位段姓书生夜宿在一艘船上，风雅地弹起了古琴，忽然听到船外传来一声叹息，却见不到有人。夜里，段生梦见一位年轻女子，女子衣衫褴褛、神色憔悴，自陈名叫郑琼罗，父母亲人都已过世，只身来杨子县投奔姨母。可惜命运弄人，还未找到姨母，就被当地一个官员的儿子欺侮，她不堪受辱就自尽了。

她死后，官二代还将她的尸身沉入沟渠。她十分不甘，托梦给当地县令，但县令并未理会。直到听见段生的琴声，被曲调感动，无意间来到附近。后段生遇到了一位名叫樊元则的亲戚，樊元则其人精通法术，能看到有女鬼跟随段生。于是樊元则当即焚香作法，摆上酒肉、纸笔，郑琼罗果然出现，并在纸上写了二百六十二个字，都是陈述冤屈之言。

水鬼

畅小米 绘

水鬼

水鬼，又被称作溺鬼、水浸鬼，传说在水中溺死的人会成为水鬼。水鬼生活在水下，总是想将岸上的人拉入水中，成为自己的替死鬼。水鬼的力气很大，如果被他拉住，很难挣脱。一些器物落在水中，日久成精也会成为水鬼。

唐代牛僧孺《玄怪录》记载，长安有一位游侠，胆子很大，人称韦大胆。长安城里的市井听说了他大胆的名声，就想邀请他到一座闹鬼的老宅过夜。韦大胆答应后，独自一人在老宅中过夜。夜半时分，韦大胆醒来，看到有一个孩子模样的人从水中爬出，向他休息的地方走来，他装作未醒一动不动，直到感受到这个小孩已经爬上床，走上自己肚子时才骤然发难，捉住了这个小孩。等他起身一看，又哪里有小孩呢？手中所钳制住的，不过是一古鼎罢了。第二天，众人将古鼎砸碎，鼎上有血迹渗出。原来这古鼎是落水后成为了水鬼，属于器物成精。

画皮鬼

〔清〕《聊斋·窥窗见鬼》

画皮鬼

画皮鬼，传说中指的是那些披着人皮的鬼，迷惑世人。

《聊斋志异》中就有一个画皮鬼。在太原有一个王书生，某天早起赶路遇见了一位美女。女子说自己本是良家女子，因父母贪财被卖到大户人家做妾。因正妻对她厌恶打骂，她难以忍受才逃出来。王生听说后，十分怜惜女子，带其回家。王生妻子陈氏感觉不妥，让他打发走女子，但王生坚不肯从。后来，王生在路上遇到一个道士，道士说他身上阴气太重，命不久矣。王生却以为道士是为了骗钱，完全不以为意。

回到家后，王生果然看到女子所在的房间里有一青面獠牙的恶鬼。此鬼拿出一张人皮铺在床上，又拿着彩笔在人皮上描绘，画好之后将人皮披在身上，瞬间就变成美貌女子。王生这时才知道道士并没有说谎，急忙去向他求救。道士赠予王生一柄拂尘，嘱咐他挂在房中。可惜道士有恻隐之心，而恶鬼并无改过之意，它毁坏拂尘强行入屋，还掏出了王生的心脏。后来道士赶到诛杀恶鬼，恶鬼化为一张人皮。画皮上眉眼手脚无不与人相似，道士将整张画皮如一幅卷轴画般卷上带走了。

拘魂鬼

畅小米 绘

拘魂鬼

传说中的拘魂鬼是阴间负责抓捕将死之人灵魂的鬼。他们手中有一份拘魂名单，上面记载着死者的位置、姓名、死亡时间。找到这些人大声呼唤他们的名字，灵魂就会自动离开肉身，拘魂鬼就用锁链将灵魂锁住，带回地府。

据唐代段成式《酉阳杂俎》，长安东市有个恶少叫李和子，生性残忍，经常杀狗吃猫。有次两个紫衣鬼差来找他，称他害死了四百六十只猫狗，要带他回地狱。李和子大惊，连忙请两位鬼差吃饭。两位鬼差说可以帮他求情，但必须烧四十万纸钱，才可以延长三年寿命。李和子心想，到了三年再烧四十万，如此下去，不就可以长生不老了？没想到李和子三天就死了，原来冥界三年等于人间三天。

据宋代《夷坚志》，有一张姓拘魂鬼不小心弄丢了拘魂证，没法完成工作，因此只能混迹人间，他身边的人都以为他是凡人。有次正好有人请它扮演拘魂鬼吓唬教官，张姓鬼于是要求众人给他制作一张拘魂证。没想到这张拘魂证真能用，张姓拘魂鬼成功带走了这个教官，并告诉他这些朋友，他当年本来就是为了拘这个教官的魂魄而来，如今终于完成任务，可以回去复命了。

女魃

〔清〕汪绂《山海经存》

女魃

据《山海经·大荒北经》，黄帝派应龙在冀州的野外进攻蚩尤。应龙积蓄大水，蚩尤派风伯雨师降下风雨，应龙积水无用。黄帝派来女儿魃，大雨立即停止。但女魃不能回到天界，只能留在人间，所过之处都带来旱灾。叔均建议黄帝把她安排在赤水以北。但女魃并不安分，到处乱窜。人们为了驱逐她，设下咒语说："神北行！"

女魃带来大旱，所以又被叫旱魃，据说她没有头发。《神异经》记载古时驱逐旱魃的习俗：魃长得像人，只有三尺高，眼睛在头顶，行走如飞。见到的人把其抓住扔进厕所，旱灾就会停止。女魃传说是个典型的自然神话。应龙、风伯、雨师、旱魃、叔均、黄帝分别象征的是江河、风雨、干旱、农田和上帝。

据清代王韬《淞隐漫录》，济南府大旱，县令招聘能人异士捕捉旱魃。此物似人非人，长满绿毛，眼闪绿光，好食尸体。有个叫陆锟的年轻人接受任务后，在一所庙宇中找到了它，一人一怪激烈争斗，眼看陆锟就要丧命，佛像上巨蛇紧紧缠住旱魃，陆锟趁机诛杀它。百姓将旱魃投入火中焚烧殆尽，没多久天上就下起了大雨。

牛头马面

〔日〕水岛尔保布《绘本西游记》

牛头马面

在中国古代传说中，牛头和马面是阴曹地府的工作人员，牛头鬼为牛头人身，马面鬼为马面人身。他们在阴间数量众多，佛经里说地狱中的狱卒数以万计，都是牛头马面打扮。《五苦章句经》中说，牛头鬼名叫阿傍，牛头人手，两脚牛蹄，他有排山倒海的巨力，以一把钢铁叉作为武器。对于牛头的形象，还有另一种说法，认为是因为阿傍在阳间的时候不孝顺父母，到了地府才变成了牛头人身的样子。马面，又名马头罗刹，是一种马头人身的恶鬼，他是牛头的搭档，二者总是一起出现。

据《子不语》，丰都人丁恺死后投胎，路过阴阳界碑迷了路，找了个古庙休息。古庙人迹罕至，香火凋零，神像旁的牛头像结满了蛛网，丁恺替牛头像拂去蛛网。离开古庙不久后他见到一个妇人，却是自己死去的妻子。妻子说自己嫁给了牛头鬼，并带丁恺回了家。牛头鬼见到丁恺，答应帮忙查看生死簿。帮助丁恺不只是因为妻子，还因为丁恺曾为他擦拭神像。牛头鬼发现丁恺阳寿未尽，就将他送回了阳间，并赠予其一块可以治疗一个富豪疾病的腐肉。

黑白无常

畅小米 绘

黑白无常

在中国古代传说中，黑白无常是阴曹地府的工作人员，主要负责勾魂索命。黑无常身穿黑色长袍，头戴黑色高帽，帽子上写着“见吾死哉”，有时候也写着“天下太平”；白无常身穿白色长袍，头戴白色高帽，帽子上写着“见吾生财”，有时候也写着“一见生喜”。他们身高丈二，手上有一份死亡名单，他们会按照名单上所提供的地址、人名前去寻找，将人的灵魂带走，民间对他们都很忌讳。

无常鬼最早见诸史料是南宋洪迈的《夷坚志补》。清代袁枚《子不语》也记载了黑白无常勾魂的故事，不过故事中的他们与常人无异，还和一个叫余大的人喝酒谈天，直到五更天的时候才形象大变，勾走了余大邻居的魂魄。鲁迅先生散文集《朝花夕拾》里也有一篇《无常》，说无常去勾魂时看到被勾对象的母亲哭得悲伤，于是放被勾男子还魂半刻，结果被阎罗王打了四十大棒。在先生看来，无常因为“鬼而人，理而情”的特点受到民众的喜爱。

佛教里也有勾魂使者，同样也是阎王的下属，一个负责夺精，一个负责夺魄，一个负责夺魂。

讨债鬼

畅小米 绘

讨债鬼

民间有一种说法，在出生后一百天、一千天的时候夭折的孩子，就是讨债鬼。还说，父母生小孩有几种情况，一是子女前世欠了父母的，二是父母前世欠了子女的，三是以前的冤家投胎来的，等等。

据唐代李复言《续玄怪录》，元和年间茶商王兰到韩城做生意，租赁蔺如宾的房子居住，后来蔺如宾贪图他的钱财，又看他无亲无故，遂杀死他吞没了万贯家财。当年蔺家生下一子名叫玉童，玉童生活奢侈，挥霍无度，蔺家家道逐渐中落至乞讨贷款为生。这时玉童突然去世。原来玉童前世就是王兰，他死后向天帝控诉蔺家罪状，而得以成为讨债鬼。不料玉童去世后发现蔺家账还没还清，于是又转世为党氏女为蔺家儿媳，拿到聘礼后便消失了。

《聊斋志异》也有一篇《柳氏子》，说柳氏之子把父亲家产败光后一命呜呼，后来邻居在泰山见到柳氏子的鬼魂，柳氏子提出四月七日与父亲在此相见，父亲到来后才知道儿子前世竟是被自己侵吞财产的合作伙伴。

现在讨债鬼已经是一句骂人的俗语，已经少了“鬼”的含义，多用来咒骂那些索取财利的人。

煞鬼

畅小米 绘

煞鬼

煞鬼也被叫作煞神，专指那些凶神恶魔。北朝颜之推《颜氏家训》说，人死之后会返回家中，即所谓的归煞。归煞的时候家人子孙要离家躲避，并在家中放上法器，做些法事，用以镇宅辟邪。

据清代《子不语》记载，淮安县有李氏夫妻，感情甚笃，可惜婚后不到十年丈夫过世。人死头七那天煞神会带着亡魂回家，家中亲友劝李夫人躲避但夫人不听。夜里一阵阴风吹过，只见一个红发鬼用绳子牵着李生进屋，红发鬼在房间大食酒菜，李生在旁叹息不已。李夫人一把抱住丈夫，丈夫化作一团冷气，李夫人将冷气裹入被中。煞鬼过来抢被子，但被李夫人喊来的众人吓走。李夫人将被子放入丈夫棺材中，没多久李生尸身渐渐暖和起来，之后死而复生又活了二十余年。多年后，李夫人在城隍庙中见到红发煞鬼，煞鬼对她咒骂不已，李夫人回家没多久就过世了。

唐代张读《宣室志》说煞是一种青色巨鸟，行踪飘忽。日本水木茂《妖怪大全》也记录了一个“阴摩罗鬼”，是一种口吐青色火焰、叫声恐怖、人面鸟身的妖怪，据说是尸气聚集而成。阴摩罗鬼被认为就是煞鬼。

僵尸

〔清〕《点石斋画报》

僵尸

僵尸，在传说中与普通的鬼不太一样。普通的鬼一般是死后亡灵所化，与自己的肉身关联不大，但僵尸则是尸身变异，是一种尸怪。僵尸有两种说法，一种是人死之后，身体逐渐冰冷变硬，可以称之为僵尸；另一种则很恐怖，是尸体突然暴起作祟，民间一般多称之为诈尸、尸变。

据《聊斋志异》记载，阳信县有一个老翁，在村庄外面开一家客栈。一天黄昏，有一行四人前来投宿，但客房已满不能再接收他们。这些人恳求老翁想办法，老翁说如不介意，可以睡自己儿媳停尸的房间，一行人就入住了。

当夜，其中一人在朦胧中看到女尸从床上爬了起来，走近他们一行人，俯下身去挨个吹气。这个客人大惊失色，连忙用被褥盖住自己的头部，并用力踢自己的同伴，但同伴并未醒来。过了一会儿，他听到女尸躺下，急忙逃出门外，女尸发现动静一路追袭。他为女尸所伤，所幸还残存一口气，被一个和尚所救，但三个同伴却已经无力回天了。

僵尸种类繁多，《子不语》中就有飞僵、白僵、紫僵等记载。

疫鬼

畅小米 绘

疫鬼

据东晋干宝《搜神记》记载，颛顼有三个不争气的儿子，死了变成疫鬼危害人间。老大住在长江为疟鬼，传播疾病；老二就是魍魉鬼，住在若水；老三叫作小儿鬼，住在人家里，喜欢惊吓小孩。他们为祸人间，骚扰百姓，于是专司驱鬼的方相氏对他们进行了驱逐。但南朝宗懔《荆楚岁时记》中却说，疫鬼是共工的儿子，死于冬至的那一天，他非常惧怕赤小豆。因此在冬至这一天，应当吃赤豆粥，这样就可以避免瘟疫了。

据南宋洪迈《夷坚丙志》记载，有一种牛疫鬼，曾窜入一户人家的牛棚之中，然后消失不见了，第二天，牛棚中的五十头牛全部身亡。如果不是一牧童亲眼所见它进去的话，人们根本不知道是疫鬼在作祟。另一部《夷坚丁志》里记载，管枢密曾经遇到过一些大鬼，这些鬼都很恐怖狰狞，管枢密斥问他们是何来历，这些鬼说自己是疫鬼，负责在年初时在人间传播疾病。管枢密又问如何得免，疫鬼说，积善积德之家、门户即将兴旺之家以及从来不食用牛肉的家庭，他们就不会去加害。

鬼母

〔元〕山西青龙寺壁画

鬼母

鬼母是佛教的神祇，又叫“鬼子母”，为“二十天”之一。《杂宝藏经》中说，鬼母是般阇枷的妻子，她有一万个孩子，个个都力大无比，最小的一个孩子名叫嫔伽罗。鬼母性情凶恶暴虐，总是杀别人的孩子，并当作食物吃掉。老百姓对鬼母十分惧怕，请求世尊解决这件事。世尊趁鬼母不在的时候捉拿了嫔伽罗，将他镇压在钵底。鬼母发现这个孩子失踪后，就满世界寻找，但始终不见嫔伽罗的踪影。后来，鬼母听说世尊拥有世间的一切智慧，知道所有问题的答案，于是找到了世尊，问嫔伽罗的去处。

世尊对她说，你有一万个孩子，失去其中一个都忧愁痛苦，凡人们只有一个或几个孩子，他们的孩子全部被你杀害，该有多痛苦。鬼母向世尊承诺，如果找到了嫔伽罗，就再也不杀害别人的孩子了，于是世尊给鬼母看了镇压在钵底的嫔伽罗。鬼母用尽一切法力，也无法将嫔伽罗从钵底救出，只能请求世尊开恩。世尊要鬼母承诺，一生不再杀戮，就归还嫔伽罗。鬼母当即受戒皈依，世尊也让他们母子团聚。

值得一提的是，《西游记》铁扇公主的原型，即《西游记杂剧》中的鬼子母。

飞天夜叉

畅小米 绘

飞天夜叉

飞天夜叉是夜叉中的一种。《楞严经》中说，大力鬼王、飞行夜叉、地行罗刹等可以游于四天，可见其速度之快。飞天夜叉在佛经中本也是吃鬼的神，但在民间有了吃人的传说。明代沈德潜《万历野获编》记载太监高寀听信方士胡言，想吃一千个小孩脑子，作者评论为“此等俱飞天夜叉化身也”。清代袁枚《续新齐谐》还说飞僵会变成飞天夜叉。

据唐代《博异志》记载，有一位老僧人在居延海看到了一根奇怪的木头，长约有三百丈，身子要数十人才能围住，木头已经枯掉，中间是空心的。老僧人又见到前面有一个女子，穿着红色的裙子，袒露着胳膊，没有穿鞋，头发散乱。女子行走得很快，一下到了老僧人面前，说有人在追杀她，请求老僧人相救，然后藏在枯木之中。不一会儿果然有天神追杀而来，天神问老僧人有没有见到一个红衣女子，老僧人谎称没有见到。天神告诉老僧人，那女子是飞天夜叉，有数千党羽，伤害了数十万生灵。他们一路追杀至此，希望老僧人如实相告。老僧人方知为其所骗。

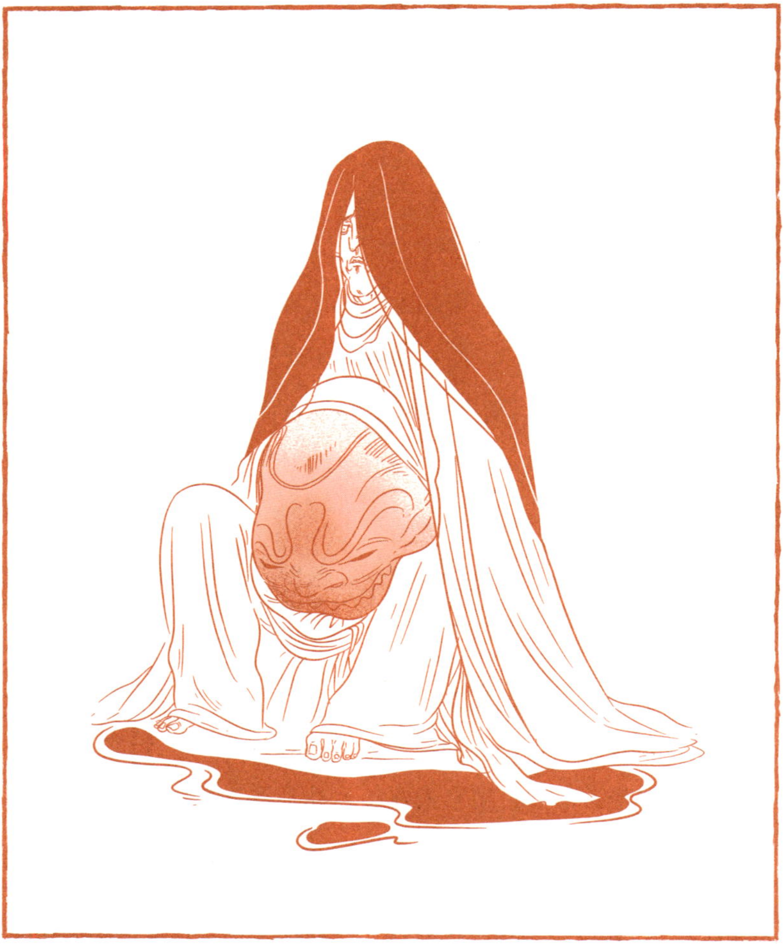

腹中鬼

畅小米 绘

腹中鬼

腹中鬼，传说中指那些躲藏在人腹中的鬼，他们会给人带来疾病，严重的时候可以致死。

据东晋干宝《搜神记》，有一个叫李子豫的人，虽然年少但是精通医术，当世的人都说他是能够通灵的神异人物。豫州刺史许永的弟弟得了一种奇病，心腹疼痛了十余年，眼看就要命丧黄泉。有一天夜里，许永的弟弟听到屏风后面传出来一个声音，与这个声音对话的声音却是从自己腹中传出。只听屏风后面的鬼对腹中鬼说：你不赶快杀死这个人就来不及了，很快李子豫就会路过此处，到时候他拿出红丸，你就没命了。

但腹中鬼却很自信，对屏风后的鬼说自己不畏惧。次日一大早，许永便差人等候李子豫。李子豫果然如小鬼所说到访许家。他刚一进门，许永弟弟腹中的鬼就发出了痛苦的声音。李子豫随后拿出了一种红色丸子给许永弟弟服用，不一会儿就听到病人腹中传来打鼓一样的声音。许永弟弟上了几次厕所，病就痊愈了。

人面疮

畅小米 绘

踪。

人面疮

人面疮是一种奇怪的疾病，这种疮要么长在人的膝盖上，要么长在人的手肘上。这种疮样子十分恐怖，仿佛人脸一般，古人一般都认为是鬼物附到了人的身上。传说，有的人面疮眼耳口鼻俱在。清代陈士铎认为，人面疮分为生死两种，生的人面疮仿佛能够活动，死的则不能。他认为长人面疮是病人的“冤孽”附体，应当先反省自查，祷告祈求，然后再用药。

明代李时珍《本草纲目》上有这样一则案例：江南地方有个商人，左胳膊上长了一个疮，疮口像人的面孔一样，口眼鼻俱全，还能饮食如常人，用酒滴入它口中，面部立刻红润起来。虽然长了疮，商人并没有痛苦不适之感。这样的怪病，连医生们都没见过，更不要说治疗了，这就是所谓的“人面疮”。

日本水木茂《妖怪大全》也提到人面疮——切除之后又会重生，晚上还会说话，也会索要水和食物。对付它的办法是强迫它吃下一种叫“贝母”的药物，五六天后人面疮就会消失得无影无踪。

神

盘古

盘古版画

盘古

今天我们都知道，盘古是开天辟地的神话始祖，不是真实存在的人类。那么，这个神话始祖又是什么时候诞生的？商周时期的甲骨金文就不说了，春秋战国的诸子百家都没提到盘古其人其事。就连西汉太史公的《史记》、最早的古史人物也就是制八卦的伏羲，也没有提到盘古的存在。盘古及其开天辟地的传说，始见于三国时吴国太常卿徐整的《三五历纪》和《五运历年记》中。

根据《艺文类聚》引《三五历纪》，当时宇宙一片漆黑混沌，好像一个大鸡蛋一样，盘古就孕育在鸡蛋里。过了一万八千年，盘古忽然醒了过来，于是他伸展躯体和四肢，用力一撑凿破了大鸡蛋。这时轻而清的东西就上升变成天，重而浊的就下降变成地。为了防止天地合拢，盘古就用自己的身子撑住天地。盘古的身体越来越长，天地之间也越来越远。又过了一万八千年，天地距离已经有九万里，之后才诞生了“三皇”。

根据《绎史》引《五运历年记》，盘古死后，他的左眼变成了太阳，右眼变成了月亮，呼吸变成了风云，声音变成了雷霆，血液变成了江河，躯体变成了五岳，筋脉变成了土地，头发变成了星辰，皮肤变成了草木，牙齿、骨头、骨髓也都变成了金属和石头、宝玉，最没用的汗水也变成了雨水，连身上的寄生虫都变成了人。还有《广博物志》引《五运历年记》，说盘古龙首蛇身，嘘气就风雨交加，吹气就是电闪雷鸣，睁眼就白日当空，闭眼就是半夜三更。

这则创世神话虽晚至三国时期才出现，但它却具备内容古老与情节具体两大特质，以至很快取代以往的创世神话，成为最受民众认可的说法。后来明人周游的《开辟衍绎通俗志传》以及钟惺的《盘古至唐虞传》，都以"盘古氏开天辟地"为开端，而且为盘古左手添了一把凿子，右手加了一把斧头。林汉达《上下五千年》第一节也是《盘古开天地》，把盘古作为华夏神话的创世始祖来叙述。

顾颉刚先生在《与钱玄同先生论古史书》提到"层累地造成的中国古史"观念，其中第一点就是"时代愈后，传说的古史期愈长"，因为"周代人心目中最古的人是禹，到孔子时有尧、舜，到战国时有黄帝、神农，到秦有'三皇'，到汉以后有盘古等"，反映的就是盘古神话后来居上的表现。

在盘古神话诞生不久，南方也有了祭祀盘古的活动。南朝任昉《述异记》里，就提到吴楚一带有"盘古氏夫妻，阴阳之始也"的说法，这样看来盘古不再是孤家寡人了。更重要的是，这部书提到当时南海郡有盘古氏的墓，绵延三百余里之长，可见盘古体型之巨大；而且南海郡还有盘古国，那里人都以盘古为姓。桂林郡也有盘古氏庙，当地人在那里祭祀盘古。可见，早在南北朝时期，岭南地区就有对盘古的祭祀活动，可谓是源远流长。

盘古形象不是从单一神话发展演变而来，而应该集合了过去所有的创世形象。他能够后来居上，并非文人的个人发明，而是广大民众的自然选择。

女娲

〔唐〕《伏羲女娲图》

女娲

女娲是盘古之后另一个著名大神，有着“女娲造人”与“女娲补天”的传说。

据东汉应劭《风俗通义》记载，天地初开，没有人类。女娲觉得这片土地太过寂寥，于是抟黄土做人，赋予这些泥人灵性。人类由此诞生，女娲也成为了始祖神。

据西汉刘安《淮南子》记载，远古之时，四根擎天柱倒下，九州大地也裂开，天破了一个大洞，大地不再平衡，大火蔓延不灭，洪水肆虐不息，还有各种猛兽吞食人民。面对这种情况，女娲采集了五彩石，用五彩石修补了天上的窟窿；她杀了一只大鳌，斩下它的四足将之充作天柱；她将芦苇聚集在一起，燃烧成灰用以对抗洪水；她还诛杀恶龙、驱逐猛兽，使人类免于恐惧。

同女娲抟土造人、女娲补天神话共同流传的，还有女娲的形象——人首蛇身。东汉王逸注《楚辞章句》中记载：女娲人首蛇身，一日七十化。不过，不管是女娲造人、女娲补天还是女娲蛇身，实际上都是汉朝才有的神话，那么在汉朝以前又有女娲的什么记载呢？传世先秦文献对于女娲的记载也不多，屈原在《天问》中说：女娲的身体又是谁制造的？《山海经·大荒西经》说：女娲的肠子化成了十大神。可见，当时已经有了女娲化生的神话。

不过，20世纪在长沙子弹库出土的楚帛书给我们提供了一个新的说法：原来在远古时代，没有日月和时间之分。天神雹戏（即伏羲）和女填（当为女娲）生了四个儿子，让他们分别守卫四方，通过互相换位来推测时间。这样经历了一千多年，日月终于诞生了。之后炎帝又派祝融率领四神奠定天地，从此才有了一天的四时——宵、朝、昼、夕。

在汉代的画石像中，也常有人首蛇身的男女形象。他们腰身以上为人形，腰身以下为蛇躯或龙躯，两面相对或相背，双尾缠绕。男的手中拿着太阳或者圆规，女的手中捧着月亮或者曲尺。显而易见，他们创造了自然和社会，就是人们心中的创世神了。根据四川简阳鬼头山崖墓出土的石棺、陕西靖边杨桥畔渠树壕发现的东汉中晚期壁画墓墓顶，都明确记载了这种形象至少一部分就是伏羲和女娃（当即女娲）。

这些记录不仅为我们补充了先秦、秦汉时女娲的神话史料，更重要的是为我们提供了新的认识——女娲与伏羲的关系。因为按照传世文献的记录，伏羲与女娲正式作为夫妻，最早记载居然是唐人李亢的《独异志》，出土的五代敦煌残卷也有此说法。而在此之前，伏羲与女娲只是兄妹关系，还说伏羲与女娲是连续的古帝王，在唐人司马贞的《补三皇本纪》里，燧人、伏羲、女娲为“三皇”。

总之，如果单就传世文献看，伏羲和女娲的兄妹、夫妻关系，是经历上千年慢慢建立的；而通过楚帛书和汉画像，我们对此可以重新建立认识，伏羲和女娲的夫妻关系，则是从战国时期就有了，而且长期是作为始祖神存在的。直到三国时的盘古神话出现之后，伏羲、女娲才逐渐失去始祖神地位。

据《风俗通义》，女娲还制作了笙簧，建立了婚姻制度，后世也将她作为高禖神祭祀。

伏羲

《历代帝王圣贤名臣大儒遗像》 法国国家图书馆藏

伏羲

伏羲在文献中的别名很多，有伏戏、伏牺、伏希、虙戏、虙牺、包羲、包牺、庖牺、炮牺、宓戏、宓牺、宓羲、雹戏等。因为春秋战国时期人写字往往根据读音，所以一个人有很多大同小异的称呼，这就为我们理解“伏羲”的含义加深了难度。

有人认为“伏”代表驯服、顺从，所以伏羲代表人类社会开始；有人认为“庖牺”就是把牲口放入厨房，那么又代表着祭祀和熟食的起源。还有人认为“宓”表示安静，“羲”代表元气，所以伏羲象征安静的元气。这些看法都有一定道理，总之代表一段时代的演进。

伏羲的事迹比女娲要简单得多。除了前文说的楚帛书外，在战国诸子中，他是介于燧人和神农之间的先王。之后，他和各种古帝王一样，被附会了很多创造发明，如渔猎、熟食、祭祀、文字、历法、音乐、嫁娶、八卦等。

唐代司马贞《补三皇本纪》说：太皞庖牺氏，风姓，代燧人氏为第二任“三皇”，母亲华胥在雷泽踩踏大人的足迹后，在成纪生下了蛇身人首的伏羲。秦汉以来往往把太皞（太昊）与伏羲当作一人，实际上太昊是东方风姓始祖神，与伏羲并不同。

神农

《历代帝王圣贤名臣大儒遗像》 法国国家图书馆藏

神农

神农，在秦汉以后一般又称炎帝、烈山氏、厉山氏。

关于炎帝神农氏最有名的传说，就是《史记·五帝本纪》中所说的，当时部落联盟首领神农氏已经衰落了，诸侯互相侵略，神农氏也管不了。于是轩辕氏就厉兵秣马，征伐不听话的诸侯。但此时轩辕的兄弟炎帝也想征服诸侯，于是轩辕就与炎帝在阪泉大战，三战而炎帝归服；之后又与蚩尤在涿鹿大战，最终擒杀蚩尤。诸侯由此奉轩辕氏为天子，取代了之前的神农氏，轩辕氏也就是黄帝。今天我们所谓“炎黄子孙”，正是来源于姜姓炎帝与姬姓黄帝。

不过细品《五帝本纪》这段，并没有直接证据表明炎帝就是神农氏，神农氏是当时已经衰落的联盟首领，而炎帝却像是与黄帝一样的新生势力。《封禅书》里更是明确把炎帝与神农当作两人。其实神农这个称号反映的是农业种植的发明，而炎帝则是来自五行学说的南方天帝，“帝”的本义就是祭天。至于“烈山”就是烧山种植之义，不过“烈”“厉”通假，所以又与位于湖北随州的春秋厉国联系上，今天厉山镇还有神农故里景区和神农祭活动。

黄帝

《历代帝王圣贤名臣大儒遗像》 法国国家图书馆藏

黄帝

在《史记·五帝本纪》中，黄帝是华夏文明之祖。传说他是少典氏之子，打败炎帝与蚩尤后，取代神农氏成了“五帝”之首。据说他的势力范围东到大海、西到崆峒、南到长江、北到釜山，置左右大监监察万国，并用风后、力牧、常先、大鸿等人治理民众，因为“有土德之瑞”所以被称为黄帝。黄帝有二十五个儿子，其中得姓的十四个人。黄帝居住在轩辕之丘，娶了西陵氏嫘祖为妻，生下玄嚣与昌意两个儿子，后来的“四帝”均是玄嚣与昌意的后代。

甲骨文的“帝”表示天帝。大概在春秋之际，五行观念产生，其中东方与青木相配，南方与红火相配，西方与白金相配，北方与黑水相配，中央与黄土相配。所以“帝”也由此分为五行帝。《史记·秦本纪》说秦文公祭祀白帝，秦宣公祭祀青帝，秦灵公祭祀黄帝和炎帝。《墨子》说帝“以甲乙杀青龙于东方，以丙丁杀赤龙于南方，以庚辛杀白龙于西方，以壬癸杀黑龙于北方”，《孙子兵法》说“黄帝胜四帝”，这些“帝”都有浓重的天神色彩。

战国齐威王“陈侯因齐敦”的发现，证明至晚在战国初年，华夏国家开始以黄帝为人祖。齐国出自陈国，陈国在今河南淮阳，本是东方部族，以虞舜为始祖。而与此同时，其他国家部族也纷纷加入这个“英雄祖先”的塑造，这样就有了黄帝之后的颛顼、帝喾两支，颛顼之后有虞（舜）、夏、楚等，帝喾之后有唐（尧）、商、周等。这个世系被儒家学者编为《五帝德》与《帝系》，之后太史公结合《尧典》《孟子》的记载，才有了《史记·五帝本纪》。

所以说，像这种“英雄祖先”“弟兄祖先”的追述，基本来自战国秦汉为大一统需要的攀附。上古三代部落林立没有所谓共同祖先；直到春秋战国烽火连年，大国对小国不断兼并，才有了将祖先神“横的系统”改造为“纵的系统”的需要，同时也是为迎接大一统帝国的到来做准备。

《尸子》记载子贡曾问孔子：有人说黄帝四面，可信吗？孔子回答：黄帝四面是说黄帝派了四个大臣，在四方治理政事，这样就显得黄帝有四张面孔一样。而长沙马王堆三号汉帛书《十六经》记载黄帝画像正是“方四面，傅一心”。黄帝与蚩尤的涿鹿之战，在《山海经》中记录蚩尤方有风伯、雨师参与，黄帝方有应龙、旱魃参与，这些都是神话古史化的表现。

不过，黄帝一方面由神变成人，但另一方面又极具神性，后世文献中有不少关于他的神异故事。如《河图稽命徵》记载，黄帝母亲附宝见电光绕北斗而怀孕，二十五个月后在寿丘生了黄帝。《史记·封禅书》也与《五帝本纪》的黄帝去世葬桥山不同，说黄帝在荆山湖边铸造宝鼎，当大鼎铸成之时，有神龙自天而降，黄帝及其群臣、后宫七十余人乘龙而去，民众只能抓住龙须，但龙须被拽断，大家只能望龙兴叹。

唐代张守节《史记正义》说黄帝又号有熊氏、缙云氏、帝鸿氏、帝轩氏，再加上轩辕氏，可以说名号颇多了，但其实都是中央天帝与其他祖先传说的合流。

仓颉

《历代帝王圣贤名臣大儒遗像》 法国国家图书馆藏

仓颉

仓颉也写作苍颉，又叫史皇。《淮南子·本经训》说："昔者仓颉作书，而天雨粟，鬼夜哭。"说的是仓颉发明文字之日，天上下起了小米雨，鬼魂们在夜里哭泣。为什么会这样"惊天地泣鬼神"呢？因为"造化不能藏其秘，故天雨粟；灵怪不能遁其形，故鬼夜哭"，自从人类掌握了文字，自然万物都不再有秘密了。当然，这只是古人对发明的一种解释，文字显然不会是一个人发明的，目前最早、最确切的汉字是商朝文字。

仓颉是什么时代的人呢？战国末期《吕氏春秋》说"仓颉作书"，从汉代开始有仓颉古帝王说与黄帝臣子说。《春秋演孔图》《春秋元命苞》在列举古代帝王面相时，说到仓颉有四只眼睛；《河图玉版》说仓颉为帝时巡守南方，登上阳虚山，临近洛汭边，有一只灵龟背着天书送给他。而司马迁、班固却主张仓颉是黄帝的史官，三国人宋衷还提到有个沮诵与仓颉一起担任史官。

不过，上博简《容成氏》明确提到仓颉氏、轩辕氏、神农氏等"皆不授其子而授其贤"，看来在早期记录中仓颉确实是个独立的帝王，并非黄帝的臣属。

少昊

《历代帝王圣贤名臣大儒遗像》 法国国家图书馆藏

少昊

我们知道《史记》中的五帝是“黄帝、颛顼、帝喾、尧、舜”，不过《吕氏春秋》还记载了一种说法，即以太昊（青帝）、炎帝、黄帝、少昊（白帝）、颛顼（玄帝）为五帝。前者可以视为“西方五帝说”，后者可以视为“东方五帝说”，突出了东方太昊、少昊两位始祖神。据《左传》记载，少昊挚即位的时候凤鸟来到，所以少昊族的官名都以鸟儿命名，这反映的是对凤鸟的崇拜。

凤鸟崇拜在东方部族之中比较流行，最典型的就是《史记》中的商朝与秦朝，他们的始祖都有卵生神话。《世本》说少昊叫契，与商人始祖同名；以少昊为祖先的郯国，一说就是与秦同姓的嬴姓。少昊应当是东方共同的祖先神，国都在今天山东曲阜一带。《盐铁论》还说太昊、少昊也参与了涿鹿之战，与蚩尤一起被黄帝杀死。

有趣的是，《左传》说少昊叫挚，与《史记》帝喾幼子同名，可见战国时已有把少昊列入黄帝谱系的说法，但辈分较低。《山海经·大荒东经》又说少昊居住在东海之外大壑，还把帝颛顼抚养长大，所以后世也有少昊就是黄帝之子玄嚣的说法。

颛顼

《历代帝王圣贤名臣大儒遗像》 法国国家图书馆藏

颛顼

颛顼是《史记·五帝本纪》中“五帝”的第二位，黄帝之子昌意的儿子，昌意娶蜀山氏女昌仆为妻，生下颛顼。不过《山海经·海内经》记载，昌意生下的是韩流，而韩流后来娶了淖子氏女，这才生下了颛顼；古本《竹书纪年》说昌意生下乾荒，当是韩流之误。据说韩流的长相十分奇特，人脸猪鼻，长颈小耳，麒麟身躯。一代圣王之父是这种长相，怪不得不被太史公所采用。

颛顼即位也不是一帆风顺的，《淮南子》中就有共工与颛顼争位失败而怒触不周山的传说。颛顼在历史上影响最深远的事件就是“绝地天通”，据说他在位之前人人可以祭天，而他派南正重司天、火正黎司地，让祭天成为自己的特权，通过这种宗教改革，实际上削弱了神权，加强了世俗权力。《左传》也记载颛顼以前的帝王都以事物来命名官职，如黄帝以云、炎帝以火、共工以水、太昊以龙、少昊以鸟，从颛顼开始才真正走向民事。

在《史记》里，虞、夏、楚以及秦的母系，均是颛顼的后人；《山海经·大荒西经》说有一种半人半鱼的鱼妇，就是颛顼死而复生变化而成。

尧

《历代帝王圣贤名臣大儒遗像》 法国国家图书馆藏

尧

尧，是《史记·五帝本纪》中“五帝”的第四位。黄帝之子有玄嚣、昌意，昌意之子是帝颛顼，颛顼去世后帝位传给玄嚣的孙子帝喾。帝喾娶陈锋氏女生尧，又娶娵訾氏女生挚。帝喾去世后帝挚即位，但挚不擅长管理国家，于是尧接替了挚的位置，国家被他治理得井井有条，其中最大的贡献就是命羲和颁布历法，从此人民可以按照时序来劳作。等到帝尧老去时，询问诸侯谁可以做自己继承人，大家推选了尧子丹朱和共工，但都被帝尧所否决。

尧七十岁时发现了舜，舜本是颛顼的七世孙，到他这代已经流落民间了。经过对舜的考察，帝尧非常满意，还把两个女儿嫁给了他，二十年后便让舜来摄政。帝尧过了二十八年后去世。舜为他服丧三年，然后让位给尧子丹朱。但诸侯都不愿意去朝见丹朱，大家都讴歌舜，于是由舜即位，也就是“五帝”最后一位帝舜。帝尧也因“终不以天下之病而利一人”的禅让精神而为后世传颂。

不过，古本《竹书纪年》却说舜将尧囚禁在平阳而取得帝位。舜囚禁尧，不让尧与丹朱父子相见，后稷将丹朱流放到丹水，等等，可以说是相当颠覆三观了。同时，尧舜禅让也遭到不少战国学者的质疑，比如《荀子》就说禅让是虚妄的言论，《韩非子》也记载当时流传舜逼尧的说法。于是很多人认为《竹书纪年》才是符合人性的真实历史，五帝的传位并非和平禅让，而是充满着血腥与阴谋的政治斗争。

其实，不管是禅让说还是篡夺说，本质还是春秋战国人的政治主张。禅让说其实比篡夺说更早，不管是战国前期的传世文献《论语》《墨子》，还是战国中后期的出土文献上博简《唐虞之道》《容成氏》《子羔》与清华简《保训》，均记录了尧舜禅让的故事。而真正使禅让学说政治观点破产的，是战国中期燕王哙禅让相国子之后，导致燕国一度内乱而被齐国灭亡的事件。所以当时不少思想家都从不同角度批判禅让说。

其实尧与黄帝、颛顼、帝喾一样，原型应该只是天神。《说文解字》说尧的本义是高，舜的本义是大。尧、舜见于史书要到春秋后期，而被编入黄帝谱系则要到战国时期。《五帝本纪》说帝尧陶唐氏，其实在《吕氏春秋》里，陶唐氏名列黄帝之前，与帝尧不同；《鹖冠子》甚至还说尧征伐过“有唐”。可见，这又是个不同神祇拼凑成同一祖先的例子。今天看到的《五帝本纪》中尧的故事，资料主要来源于儒家文献《孟子》与《尚书·尧典》。

《吕氏春秋》说帝尧有子十人，结果传给了帝舜，还让十子成为舜的臣子。其中最有名的儿子就是丹朱，《世本》说帝尧娶散宜氏女女皇生下丹朱，丹朱性情乖戾，尧尽心调教，还特地发明了围棋，希望能陶冶他的性情，但丹朱却顽固不化。《庄子》又说尧杀长子。不过这些应该都是战国传说，丹朱的原型当是一种人面鸟身的神兽“驩头（兜）”，本是丹水流域的神明。大概文献中有“尧伐丹水”的说法，所以作为败军之将也被讹传为尧子。

帝尧时期被认为是古代的黄金时代，《高士传》说帝尧时有个叫壤父的人，八十多岁了还在路上玩击壤这个游戏，路过的人说：“这是帝尧的德行啊！”但壤父却不以为意：我自己日出而作，日入而息，凿井而饮，耕田而食，帝尧对我有什么恩德呢？

舜

《历代帝王圣贤名臣大儒遗像》 法国国家图书馆藏

舜

舜，是《史记·五帝本纪》中“五帝”的第五位，他是帝颛顼的七世孙，从他的六世祖穷蝉开始到他为止都是庶人。他的父亲瞽叟是个盲人，娶了个后母生了象。瞽叟非常疼爱幼子，他和妻子、儿子象经常想除去舜。但舜每次都躲过去了，相反他对待父母和弟弟仍尽孝悌之道。舜三十岁时，被四方诸侯推举给帝尧。于是帝尧把两个女儿嫁给舜，并且让九个儿子居住在舜所在的妫汭观察他。结果发现舜工作得非常好，大家都来投奔他，三年间此地居然就形成一个都城规模。

但是瞽叟和象却还想除去舜。有一次舜去粮仓上修补，瞽叟居然在下面放火，舜用两个斗笠当作翅膀一样飞下来逃走；之后瞽叟又趁舜挖井，和象一起填土想埋掉舜，但舜从旁边开了条暗道逃脱了。当时瞽叟和象还在谋划分割舜的钱财和妻子，但舜却完全不以为意，继续侍奉父母、团结兄弟，因此也更加得到尧的重用。

舜在位时提拔了颛顼的子孙“八恺”以及帝喾的子孙“八元”，并且放逐了浑沌、穷奇、梼杌、饕餮“四凶”，大家都对他非常信服，于是尧就让舜摄政，并且最终禅让于舜。舜在避让丹朱之后正式即位，又提拔了禹、皋陶、契、后稷、伯夷、夔、龙、倕、益、彭祖等一批贤臣，至于父亲和弟弟，舜仍然恭谨对待，还封弟弟象于有鼻氏，连四方蛮夷都无不歌颂舜的美德。

舜五十岁摄政，五十八岁尧去世，六十一岁即位，一百岁时在苍梧南巡去世，葬在九嶷山。舜有一个不成器的儿子商均，舜没有传位给他，而是禅让给大禹。大禹也有样学样，在舜去世时让位商均，但诸侯同样不拥戴商均而拥戴禹，最终由大禹即位。

这段记录当然也不能作为信史对待，其中可疑之处颇多。尧是颛顼的孙辈，而舜居然是颛顼的七世孙，还娶了尧的女儿，在世系上就有疏漏。之所以产生这样的问题，因为舜出身平民最早是《墨子》的说法，这与墨家出身社会底层有关，如果君王连王位都能禅让，又怎么能不尚贤呢？但是儒家的《五帝德》《帝系》均以尧、舜、禹都为黄帝之后，这符合“尊尊亲亲”的观点。而《史记》把不同的史料大杂烩，所以只能把舜的辈分压低，成为疏亲。

还有一个问题就是禹、皋陶、契、后稷这些人物，其实他们本是春秋战国各族的祖先神，本来都有各自独立的传说，本来既不属于黄帝世系，也不是舜的臣子。舜大概原型也是有虞氏（今河南虞城）的祖先神，有虞氏的后代在周朝为妫姓陈国。他们本来也有自己的世系，《国语》提到有虞氏有与夏禹、商契、周弃齐名的虞幕，上博简《容成氏》也提到帝尧之前还有个古帝王有虞迥，他们应该都比舜活动的时间早，但却不被《五帝本纪》所载。

据《墨子》佚文，舜葬在苍梧，象为之耕田。这个象就是舜弟象，原型大概是象神。巧合的是，舜住在妫汭，甲金文“为”字就是象形；后世把这里叫豫州，“豫”也是执象之形；同时舜又封象于有鼻氏。中原直到商朝还有大象，周朝才开始南迁，所以舜服象实质上也是征服自然的神话。《列女传》还提到舜有个妹妹敤手，在家经常为哥哥解围。《世本》说“敤手作画”，“敤”的本义是研治，“敤手”就是空手的意思，说明早期人类是用手作画的。

后稷

《历代帝王圣贤名臣大儒遗像》 法国国家图书馆藏

后稷

据《史记·周本纪》，有邰氏女姜嫄是帝喾元妃，因为踩了巨人脚印，无孕而生下儿子。她认为是不祥之兆，于是三次将儿子抛弃，先是扔在巷子里，但是牛马见到就绕行；后来又扔到山林里，但是又被砍柴的人捡了回来；之后又放在冰块上，结果还是被飞鸟用羽翼遮盖。这种现象让姜嫄非常惊讶，认为儿子很有神性，于是就带回家收养了。因为她开始想遗弃儿子，于是给孩子取名叫弃。

弃长大后果然很聪明，非常善于农业生产。帝喾之后即位的是儿子帝挚，但帝挚执政不佳，于是由弟弟帝尧继承。所以弃还算是帝挚、帝尧的兄弟。帝尧封弃为农师，天下人都得到实惠。之后帝舜继承帝尧，又将其封在邰地，姬姓，号为后稷。后稷一族生活在尧、舜、夏时期，世代担任后稷这个农业首长。"后"是周人对古代君长的称谓，"稷"则代表粮食，引申为农业。

而在周人史诗《诗经·大雅·生民》中，后稷与五帝并无关系，当为一个独立的祖先神话。后稷的原型当是农神，随着周朝衰弱，神农传说兴起，大家也就以神农取代后稷。

禹

《历代帝王圣贤名臣大儒遗像》 法国国家图书馆藏

禹

据《史记·夏本纪》，大禹的父亲是鲧，而鲧是“五帝”之二颛顼的儿子。帝尧之时洪水滔天，四方诸侯推举鲧治水，但历经九年都没成功。等到舜摄政的时候，就把鲧处死在羽山，但却提拔了鲧的儿子禹。舜即位后，又以禹为司空主持治水。禹勤勉敬业，带领契、后稷、皋陶等人，在外面工作十三年，多次过家门都没时间进入，终于把九州的洪水灾害治理好了。于是禹自然也成了舜的指定接班人，在辞让舜子商均无果后，大禹最终登上帝位。

帝禹本来想把国位让给皋陶，但是皋陶先比禹去世；后来他又想让给伯益，并且把国政交给他打理。帝禹在位十年，巡守东方到会稽山去世，伯益也依样画葫芦，避让给帝禹的儿子帝启，但帝启却得到大家的支持，从此由“公天下”变成了“家天下”，也就是夏朝的开始。

顾颉刚先生有一个有名的观点“禹是一条虫”，遭到不少人的质疑与嘲讽。其实顾老只是根据《说文解字》的“禹，虫也”推测“禹或是九鼎上铸的一种动物”，那么“虫”是指青铜器上的螭龙、虺蛇一类图像。但是后来顾老主动放弃这一观点，认为大禹是南方神话的祖神，最后修正为西方神话的社神。整体来说，顾先生倾向于大禹为传说人物，这样的观点并不算离奇，在先民思维中，人、兽、神本来也就是水乳交融的。

如果说尧的故事核心是“天”，舜的故事核心是“人”，那么禹的故事核心就是“地”，蕴藏了一定的三才观念。虽然今天发现那个时代确实发生过大洪水，但河道并无人工治理的痕迹。在《淮南子》中，提到帝舜时期的洪水为共工引起；在《山海经》中，又提到大禹攻打共工，杀死共工大臣相柳。而共工本身又是水神的化身。总体来看，大禹治水一事仍应视为传说，本质上说是天神平定水土神话。

大禹治水见诸史料在西周时期，青铜器“遂公盨”与《诗经》均提到此事，这也是关于大禹的最早记载。顾颉刚先生认为，西周中期人们心中最古的天神是大禹，而至于大禹与夏朝的关系乃是后起的。

大禹作为一个站在时代交汇点上的重要人物，他的神话传说也非常多，主要有以下几类：

关于他的出生，上博简《子羔》提到他母亲观看伊水而怀孕，三年之后划背生下他；《尚书帝命验》说他母亲修己在山上行走时看到流星而怀孕；但《山海经》《天问》却说禹从鲧的腹中出生。其实这些无非都是表现大禹出身不凡的感生神话。

关于他的治水，这部分传说最多，列子说《山海经》就是“大禹行而见之，伯益知而名之，夷坚闻而志之”，《太平广记》说大禹在桐柏山治水一直不成功，发现原来是淮水水神无支祁作祟。无支祁长得像只白猿，力量非常强大，最终大禹派庚辰将其制服，锁在淮阴龟山之下的淮水入海口。无支祁就是孙悟空原型之一。

关于他的为政，《国语》有大禹诛杀防风氏的传说。据说大禹会诸侯于会稽山，而唯独防风氏迟到，所以被大禹处死以儆效尤。春秋时期吴王夫差进攻越国，得到一块可以装满一车的大骨头，使者拿去请教孔子，孔子就说是防风氏的骨头。这当然也是神话传说，因为孔子本人都不讲“怪力乱神”。

《史记》说尧名放勋、舜名重华、禹名文命，《逸周书·谥法解》中认为尧、舜、禹都是谥号，其实后者才是先有的称号，而前者反而是后起的名字。

祝融

〔明〕蒋应镐《山海经（图绘全像）》

祝融

祝融是中国神话传说中著名的火神，《山海经·海外南经》说他兽身人面，坐骑是两条龙；《海内经》说炎帝和妻子赤水之女听訞生炎居，炎居生节并，节并生戏器，戏器生祝融；而《大荒西经》说颛顼生老童，老童生祝融。颛顼是黄帝的孙子，那么祝融又是黄帝之后了。

据《左传》，祝融又是颛顼之子犁。《史记·楚世家》载，颛顼生称，称生卷章，卷章生重黎，重黎在帝喾时期担任火正，被命为祝融。之后帝喾派重黎攻打造反的共工，重黎没能屠灭共工氏，结果被帝喾所杀，而让重黎弟弟吴回接替祝融，吴回就是楚国的先祖。而《管子》说黄帝就派祝融前往南方。如果要对以上记载合理解释，可以说祝融本身是一种职位，也就是管理火的火师。

当然，祝融更可能本身就是火的化身，所以极具神性。《吕氏春秋》说夏帝炎帝、夏神祝融；《海内经》还记录鲧偷窃天帝的息壤治水，天帝命令祝融诛杀鲧于羽山的故事；楚帛书记载炎帝让祝融派青、朱、黄、黑四神奠定三天和四极；唐人司马贞《补三皇本纪》，又有共工与祝融交战、共工怒撞不周山的故事。

夸父

〔明〕蒋应镐《山海经（图绘全像）》

夸父

据《山海经·海外北经》，夸父与太阳比赛跑步，想在太阳落入禺谷之前追到。他逐渐与太阳靠近，但始终还差了些距离。他不停奔跑以致非常口渴，喝光了黄河水和渭水仍然不能解渴，之后又去北方饮大泽之水，但不幸渴死在路途中。他去世后，他的手杖化为了有数千里之广的邓林。《大荒北经》也有夸父逐日的记载，说他是后土的孙子、信的儿子，居住在成都载天，手里拿着两条黄蛇，耳朵上盘踞着两条黄蛇。

夸父逐日的故事大家都耳熟能详了，但对其内涵解释却是众说纷纭。比较有代表性的是袁珂先生的说法，他认为可以将这则神话看作先民对光明、对真理的寻找，表达的是先民征服自然的雄心壮志。东晋陶渊明《读山海经诗》也说“夸父诞宏志，乃与日竞走”。

但据另一篇《大荒东经》，夸父却是蚩尤的下属，与蚩尤一同被黄帝下属应龙所杀。为什么会有夸父两种不同结局的记录呢？在《海外东经》还记载着一个“夸父国”，其国人都是右手拿青蛇、左手拿黄蛇的巨人，那么夸父可能并不只是一个人，而是一个巨人族名称。

西王母

〔明〕蒋应镐《山海经（图绘全像）》

西王母

在神话古籍《山海经》的《西山经》《海内北经》《大荒西经》等篇中，西王母都有出现，三经对西王母的描述比较接近，有两个典型特征：一是形貌为“虎齿、豹尾、戴胜”，二是有三青鸟、三足乌为其取食和使唤，开明兽为其守卫。

西王母形象有着从妖到人、再从人到仙的显著变化。从《山海经》看，西王母还是半兽半人的样子，即便把虎齿豹尾理解为装束也够狰狞了；但到了《穆天子传》里，西王母却俨然成了一个西方女族长，她在瑶池之上接见周穆王，二人宾主尽欢，还有诗歌唱和。

在汉朝的画像石中，西王母形象也比较常见，这时她成了一个富贵雍容的女神，陪伴的三青鸟、三足乌也都保留了下来。《淮南子》说后羿请两颗不死仙药于西王母，但后羿的妻子嫦娥却偷偷全部服下。当时越地祭祀西王母还有个配对的东王（皇）公，不过后来东王公信仰逐渐淡化，而西王母则成了玉皇大帝的妻子，其在天庭的身份可谓是一人之下了。

后世又有燕昭王、汉武帝、宋徽宗等见西王母的传说，这都说明西王母在民间拥有广泛的群众基础。

禺彊

〔明〕蒋应镐《山海经（图绘全像）》

禺彊

禺彊，也写作隅强。据《山海经·海外北经》，他是北方之神，人面鸟身，耳朵上盘踞着两条青蛇，脚下踩着两条青蛇。另一篇《大荒北经》也有他的记载，不过踩踏的是黄蛇；还有一篇《大荒东经》则详细介绍了他的谱系，说黄帝生禺虢、禺虢生禺京，禺京是北海海神，禺虢是东海海神。晋人郭璞认为这里的禺京就是禺彊。《大荒南经》中还有南海海神不廷胡余、《大荒西经》有西海海神弇兹，这是《山海经》中的四海海神。

在《庄子·秋水》中，北海海神被称作若。黄河河伯见到黄河水涨，十分自得，以为黄河便是天下最为美丽的地方，直到他一路向北到了北海。北海汪洋恣肆一望无际，河伯十分震撼，对海神感慨道："见到您我才知道自己之前多渺小。"

禺彊除了是水神外还兼风神之职，《淮南子》记载隅强是不周风所生。而禺彊主北海（即北冥），所以郭璞说禺彊就是北方水神玄冥。清人萧云从为海神玄冥与风神伯彊各作了一幅图。伯彊出自《天问》，可能也与禺彊有关。

蓐收

〔清〕吴任臣《山海经广注》

蓐收

据《山海经·海外西经》，蓐收是西方之神，左耳上盘踞着一条蛇，他的坐骑为两条龙；而在《山海经·西山经》，蓐收居住在泑山，又叫红光，长得人面虎爪、珥蛇执钺。可见，蓐收与西方有着密不可分的关系，这是古老四方神观念的一种体现。

根据《吕氏春秋》《礼记》等文献，东方属春，天帝为青帝太昊，辅神为木正句芒；南方属夏，天帝为赤帝炎帝，辅神为火正祝融；西方属秋季，天帝为白帝少昊，辅神为金正蓐收；北方属冬季，天帝为玄帝颛顼，辅神为水正玄冥；中央属长夏，天帝为黄帝，为土正后土。

据《左传》，少昊氏有四个弟弟重、该、修、熙，其中该做了蓐收、重做了句芒、修和熙做了玄冥，祝融则是颛顼氏之子犁，后土是共工氏之子句龙。

蓐收属秋，相当于人间的秋官司寇，故人们认为还主刑戮。《国语》记载，虢公丑曾梦见人面虎爪、白毛执钺之神降临，该神告诉他晋国将要侵犯虢国，大臣史嚚告诉他，这位神明就是蓐收。

句芒

〔明〕蒋应镐《山海经（图绘全像）》

句芒

句芒，又写作勾芒。据《山海经·海外东经》，句芒是东方之神，有着鸟的身子、人的面容，驾乘着两条龙。《左传》记载，句芒名叫重，是少昊氏的弟弟。《世本》说句芒发明了罗网。

句芒代表万物复苏的春天，所以又是可以赐人寿命的生命神。《墨子·明鬼》记载，秦穆公曾在白天见到过一个鸟身、方面、素服的神，穆公十分恐惧，意欲逃跑。这个神告诉他：你不需要害怕，你是有功德之人，我今天奉命赐予你十九年寿命，让你的国家昌盛，子孙繁茂。穆公询问这位神使的名字，神使告诉他自己就是句芒。

古人以五帝五神配五方五行，其中东方的帝是青帝太昊，神是春神句芒。古文字学家丁山先生认为句芒的名字就体现出春天的性质，"芒"即是"萌"，《礼记·月令》就说季春"句者毕出，萌者尽达"。草木种子发芽出土的时候，弯曲的叫句，直立的叫萌。也就是说季春三月的时候，无论是弯曲如钩还是笔直如针的新芽都成长了。

在明清《山海经》图本里，句芒有两种形态，除了人面鸟身、鸟爪乘龙外，还有一种人面人身、鸟爪乘龙。

洛神

〔明〕王世贞《玉茗堂摘评王弇州先生艳异编》

洛神

洛神，也被写作雒嫔、宓妃，即洛水女神。根据《楚辞·天问》，上帝派后羿下凡为人间排忧解难，但后羿却射伤河伯并且霸占他的妻子雒嫔，这个雒嫔自然就是雒（洛）水女神。可见，后羿的“原配”并不是嫦娥，而是这个抢来的洛水女神。

雒嫔大概从洛水嫁到河水，洛水本身的神叫洛伯。《归藏》说河伯与洛伯战，而去昆吾那里占卜，结果却是不吉利。但《汉书音义》说宓妃是宓（伏）羲的女儿，因为溺死在洛水，所以成了洛水的神。

洛神以其美貌闻名，千百年来无数文人为她献上华美的颂歌，最早有屈原在《离骚》中表达他对宓妃的倾慕，之后曹植的名篇《洛神赋》更是脍炙人口，“翩若惊鸿，婉若游龙，仿佛兮若轻云之蔽月，飘飖兮若流风之回雪”，顾恺之则依据《洛神赋》创作了名画《洛神赋图》。

在宋代《太平广记》中，记载了萧旷与洛神女的艳遇。洛神女自称是魏文帝曹丕的甄后，因为仰慕小叔子曹植的才学，被曹丕怒而处死，之后灵魂到洛水之上。因此《洛神赋》实际上歌咏的是甄后。但这只是文人的美好想象罢了。

夏后启

〔明〕蒋应镐《山海经（图绘全像）》

夏后启

据《山海经·海外西经》，夏后启曾在大乐之野（一说是大遗之野）这个地方观看过《九代》乐舞，他以龙为坐骑，以重云为伞，左手拿着华盖，右手持着玉环，腰间佩有玉环。西汉为避汉景帝刘启的讳，将启更名为开。所以《大荒西经》中说，西南海之外、赤水之南、流沙之西，有人耳朵挂着青蛇，乘着两龙，他就是夏后开，升天得到了《九辩》《九歌》。

夏后启是夏朝的君主，大禹与涂山氏之子。据《随巢子》记载，大禹治水为了通山而化熊，被妻子涂山氏看到，涂山氏觉得很尴尬，跑到嵩高山下化为石头。禹大喊："归我子！"于是涂山石向北裂开，诞下了儿子启。不过在《楚辞·天问》中说的是大禹自己腹生启。"后"是早期对国君的称呼。

《史记·夏本纪》记载，禹在崩逝之前，将天下传位于益，但不能服众，于是各路诸侯都推举启继承禹的位子。但《韩非子》说大禹要传天下给益，但被启的部下赶跑。古本《竹书纪年》则说的是伯益来和启争位，被启所杀。记载不一，当和各家政治主张有关。

湘君

〔清〕萧云从《离骚图》

湘君

湘君即湘江水神。据《史记·秦始皇本纪》，秦始皇东巡渡过长江，到达湘山祠，当时风浪很大，几乎不能渡江。秦始皇问臣子：湘君是什么神？臣子回答说：湘君是尧的女儿、舜的妻子，葬于此地。

据西汉刘向《列女传》，舜之二妃叫娥皇、女英。舜的父亲瞽叟、弟弟象对舜多次谋害，都在两女帮助下化险为夷；后来舜受命担任各种官职，也每每与二女商量，最终舜继立为天子，以娥皇为后、女英为妃，天下都赞颂二妃忠贞聪慧。舜晚年到南方巡视，在苍梧之野逝世，二女悲痛不已，也死在长江与湘江之间，俗称湘君。

根据《述异记》，舜葬在苍梧后，娥皇、女英悲痛欲绝，眼泪洒在竹林上，于是竹子上就有了泪痕斑斑，这就是“湘妃竹”的来历。今天洞庭湖君山还有舜帝二妃墓。

不过《后汉书》李贤注引的《列女传》在“湘君”下还有“湘夫人”三字，那么是以娥皇、女英分属湘君、湘夫人，《楚辞·九歌》也有《湘君》《湘夫人》的篇章。湘君、湘夫人原始身份就是湘江水神、水神夫人，不过后来与娥皇、女英传说交织在一起而已。

紫姑

畅小米 绘

紫姑

紫姑，也写作子姑，也就是民间所说的“厕神”。

据南朝刘敬叔《异苑》记载，紫姑本是一大户人家的小妾，常被正妻欺压，给她安排又脏又累的活儿，紫姑最终在正月十五这一天悲愤离开人世。后来民间就有了一个习俗，即在元宵这天扎一个草人，将它打扮成紫姑的模样放在厕旁，并对着前方祷告说：子胥（她夫婿的名字）不在家，曹姑（正妻）也还没有回来，你可以出来了。

据《古今图书集成》引《显异录》，紫姑是莱阳人，真名叫何媚，字丽卿，被寿阳人李景纳为妾，后来被李景正室杀死在厕房之中。因为天帝对她的遭遇感到同情，就封紫姑做了厕神。

据清代褚人获《坚瓠秘集》引《葆光录》，有一个姓王的人经常祭祀紫姑，有一天他遇到一位黄衣女子，黄衣女子告诉他自己就是厕神，并赐予他听到蝼蚁说话的能力。这人遵从紫姑的吩咐，得知一处蚂蚁窝下有宝物，后来果然从中挖出十锭白金。

南朝《荆楚岁时记》提供紫姑身份的另一种说法：紫姑其实是帝喾的女儿。

阎罗王

敦煌莫高窟壁画

阎罗王

阎罗，有阎魔、琰摩逻阇等称呼，是梵文“yama–raja”的译文，他本不是中国本土神祇。在古印度《吠陀经》中，他是世界第一个人，太阳神之子，死后掌管了死亡之路。后来与因陀罗职位分化，成为了专司地狱的凶神。之后佛教中的阎罗王继承了婆罗门教中阎罗王司掌地狱的设定，《问地狱经》记载，阎罗王原是毗沙国王，他在战争中立下誓言，愿为地狱主。

随着佛教在中国的传播，地狱说、轮回说、写经追福说牢牢把握住了人民的心理，既有对恶性的警诫效果，又有了改过、免受苦难的机会，阎罗信仰也越发深入人心。中国民间常有十殿阎罗的说法，根据《佛说地藏菩萨发心因缘十王经》，他们分别是：秦广王、楚江王、五官王、阎罗王、宋帝王、变成王、太山王、平正王、都市王、五道转轮王，在《西游记》中也出场过。

人们还相信，那些公平正直的官员在死后会在地府工作，比如很多地方都有包拯“包青天”是阎罗王这一说法，此外，韩擒虎、范仲淹、寇仲这些能臣、忠臣也有此殊荣。

钟馗

〔明〕朱见深《岁朝佳兆图》

钟馗

钟馗又称钟葵、终葵。“终葵”在周代是一种捶击工具，也就是日常说的椎，在汉宫廷傩仪时就已使用“终葵”打鬼，这自然就是“钟馗”的原型。到了唐宋时期，“钟馗”正式变成擅长捉鬼、驱邪的神人。

据宋沈括《补笔谈》引唐人说，开元年间唐玄宗在骊山讲武染上疾病。某夜梦到一个小鬼，偷了杨贵妃的香囊、玉笛，并在宫殿中狂奔；忽然又有一大鬼，身着蓝衣，戴着高帽，袒露一臂，穿着皮靴，轻而易举制服小鬼并将其活活吃掉。玄宗惊问大鬼何许人也，大鬼说自己叫钟馗，生前参加过武举，虽然没有考上，但立志除掉天下的妖孽。第二天玄宗醒来，觉得身体舒畅，病痛全无，知道是昨晚钟馗捉鬼的功劳，便召了画圣吴道子前来，向他描述自己的梦境，并让吴道子画出钟馗并公布天下。

钟馗嫁妹的传说也广为人知。相传钟馗因武举不中，激愤自杀。好友杜平为他收敛尸身，他感激杜平埋骨之义，便带领一众小鬼将妹妹送到杜家出嫁。实际上，钟馗“嫁妹”应该是“钟馗迎福，驱魅嫁魅”的讹传。

河伯

〔清〕萧云从《离骚图》

河伯

河伯，又有冯夷、冰夷等称呼。《山海经·海内北经》说冰夷住在三百仞深的从极渊，有着人的脸，驾着两条龙，《尸子》说他“人面鱼身”，《历代神仙通鉴》说他“人面蛇身”。《穆天子传》说“冰夷河伯”，可见冰夷就是河伯。不过在一些记载中，河伯与冯夷又是两人，如《龙鱼河图》说河伯叫吕公子，而冯夷是河伯的妻子。

东晋葛洪《抱朴子》说他在八月上庚日渡河的时候不幸溺亡，被天帝封为河伯；《清泠传》说他是华阴人，服用丹药“八石”而成了水仙。不过这些都是后起的说法，河伯原型应该就是黄河水神，其神话源远流长，在殷墟卜辞中就有对“河”“高祖河”的祭祀，可见商人还把他视为祖先。战国祭祀风气依然十分浓厚，甚至以人为祭品沉水，《水经注》记载著名的西门豹治邺故事就是针对河伯祭祀。

河伯在古文献中又演化为黄河边部落首领。根据今本《竹书纪年》，夏王芬时期，河伯冯夷与洛伯用发生过战斗；根据古本《竹书纪年》，商王亥被有易氏杀死，继承的商王微联合河伯，攻灭有易氏；根据《博物志》，费国国君费昌看到黄河上有两个太阳，东边的将要升起，西方的将要熄灭；冯夷告诉费昌这象征商代夏，所以费昌投靠了商汤。根据《穆天子传》，周穆王西游至黄河部落河宗氏，河宗氏首领柏夭陪同周穆王祭祀了黄河水神。

不过河伯更多还是作为河神的形象存在。根据《楚辞·天问》，河伯被羿射伤，妻子雒嫔也被抢走。汉人王逸说，河伯化为白龙在水边游泳，被羿射瞎了左眼睛，于是去向天帝哭诉要求处死羿。天帝说：你要是好好做你的河神，羿怎么会冒犯你？现在你自己变成兽类，被人射也是应该的，羿又有什么罪过呢？不过汉人高诱却说，因为河伯淹死人，所以羿射伤他眼睛。《庄子·秋水》也提到“贻笑于大方之家”的河伯。

据唐代李泰《括地志》，孔子的弟子澹台灭明身上有一块珍贵的美玉，在渡河时被河伯看中，河伯兴起风浪想强行夺走。澹台灭明说：想要我的玉可以光明磊落地请求，用手段来抢夺却是休想。说完这句话，澹台灭明就拔剑斩杀了河伯召唤出来的蛟龙。河伯无望，只得作罢。渡过河后，澹台灭明拿出美玉扔往河心，河伯惭愧不敢接受，又将美玉反弹回来。于是澹台灭明将美玉往硬石上扔去，美玉瞬间粉碎。

河伯之所以在传说中名声这么差，主要还是与黄河经常闹水灾有关，羿射河伯的神话实质就是个战胜自然的故事。不过，河伯也不完全是反面形象，《尸子》说大禹治水时到达黄河边，有个白面长人鱼出现，说自己是河水之精，并且把《河图》赠送给大禹。晋人张华认为河精也就是河伯。

据《神异经》，有一个神穿着白衣戴玄冠，乘着红鬃白马，有十二个童子跟从，在西海上策马奔腾，行走如风，他叫作河伯使者。他有时候会上岸，所达之处多会雨水滂沱。江东把鼍也叫作河伯使者。

九天玄女

畅小米 绘

九天玄女

九天玄女，也被称作元女、玄女。《黄帝问玄女兵法》说，黄帝与蚩尤作战，最初黄帝九战九败。黄帝只能败退到泰山，三日三夜后，有个人首鸟形的妇人出来，说自己是玄女，问黄帝有什么想问的吗。黄帝说自己想万战万胜，应该如何开始做。玄女就将战法传给了黄帝。

《玄女法》则说，蚩尤本领高强，他会征风召雨，黄帝军队不知所措，一片混乱。无奈之下，黄帝只能退守在泰山，不知道该怎么办。这时候王母就派了一个人首鸟身的妇女来，妇人自称是九天玄女，赠给黄帝灵宝、五符、五胜之文，于是黄帝终于在中冀消灭了蚩尤。

这里的玄女人头鸟身，袁珂先生认为她应该是《诗经·商颂·玄鸟》中商人始祖玄鸟的化身。此外，《隋书》还说黄帝向玄女请教过房中术。

《水浒传》中的九天玄女也是一个重要角色，她曾经出场过两次。第一次是宋江在梁山辞别晁盖，得知江州劫法场惊动官府，慌不择路逃到还道村的玄女庙，玄女送给他三卷天书，让他替天行道。第二次是宋江征辽国被困天门阵，玄女告诉他破阵之法。

异国

大人国

〔清〕汪绂《山海经存》

大人国

大人国在《山海经》时有出现，《海外东经》说大人国的国民身材十分高大，坐着造船。《大荒东经》记载东海之外、大荒之中的波谷山有大人之国、大人之市。《大荒北经》记载有大人之国，厘姓，黍食。《海内经》记载大人之市在海中。

《国语·鲁语》记载，吴国攻打越国时捡到一块巨大的骨头，需要一辆车来装载，吴王夫差十分好奇，派人询问最为博学的孔子。孔子说，当年禹会群神于会稽山，防风氏迟到被诛杀，这块骨头正是防风氏的骨头。孔子还说，防风氏在夏商为汪芒氏，在周为长狄，今为大人国。

不过这很可能是后世的附会，孔子自己就是周人，长狄活跃在春秋前期，何来"周为长狄、今为大人"？而且也不符合"子不语怪力乱神"。长狄可能只是活动在长丘之狄，与身高无关。

《列子》中有比大人更夸张的巨人。在渤海之东的龙伯一族，身形巨大，举手投足可跨越五座仙山，轻松背负托举仙山的巨鳌，导致岱舆、员峤两座仙山沉于大海。天帝震怒之下对龙伯一族进行惩罚，使他们的身形变小。至伏羲神农时，龙伯族民仍有数十丈之高。

小人国

〔清〕吴任臣《山海经广注》

小人国

《山海经·大荒东经》说东海之外，大荒之中，有小人国，国民被称为靖人。《说文解字》曰：“靖，细貌。”因此小人又名靖人，《淮南子》作竫人，《列子》作诤人。据《列子》，东北极有诤人长九寸。《山海经》记载的小人有四种，除了靖人之外，还有《海外南经》的周饶国人、《大荒南经》的焦侥国人和菌人。菌人和靖人音近，当是同一族，“菌”是本字，形容极小。周饶和焦侥也音近，亦当是同族。至于靖人和周饶是否一族，晋人郭璞《山海经图赞》云“焦侥极么，竫人惟小”，似乎当作并列的二族，而袁珂先生则认为当是同一族。

汉尺一尺约 24 厘米，九寸才 21.6 厘米，这么小的人类，世界上应该是不存在的。电影《霍比特人》中的矮人族在历史上真有原型，即印度尼西亚佛洛雷斯岛于 4.1 万至 2.4 万年前穴居的霍比特人，该人种身高仅 1 米左右。

《述异记》里记载，魏国时的河间人王子元家中曾经有小人儿造访，当时天上正在下雨，雨中有八九个小人儿随雨落在了他家中。这些小人儿身长六七寸，自陈他们家在河间的东南方向，是被风吹到此处的。

氐人国

〔清〕吴任臣《山海经广注》

氐人国

《山海经·海内南经》说氐人国在建木的西边，他们国家的人都是人面鱼身，没有脚。人面鱼身的形象，在《山海经》也比比皆是，比如《北山经》的人鱼、《海内北经》的陵鱼等。

《大荒西经》说炎帝之孙灵恝生互人，互人能够上下于天。清人郝懿行《山海经笺疏》认为互人国就是氐人国，“氐”“互”二字是因形似而讹。互人之国有一种鱼叫作鱼妇，是在帝颛顼死时由蛇化为鱼的。

陆思贤先生认为，灵恝应为巫师，有契合天地的能力，祭祀时作人面鱼身的打扮。《周礼》祭仪中有“互物”一说，而且都是水族动物，“鱼妇”可能本作“鱼互”；而作人面鱼扮相的灵恝则是“互人”。

其实氐人并不是什么神秘部落。《诗经·商颂》曰：“昔有成汤，自彼氐羌，莫敢不来享，莫敢不来王，曰商是常。”氐、羌是从商代开始就活跃在西方的部落，其中很可能就包括周人，到后来逐渐华夏化。十六国的成汉、仇池、前秦、后凉等政权就是氐族人建立。

钉灵国

〔清〕吴任臣《山海经广注》

钉灵国

《山海经·海内经》记载，北海之中有一个国家，叫作钉灵国。国民膝盖下面长着毛，还长着擅长奔走的马蹄。

《魏略》记载，乌孙长老说北丁令有马胫国，人的声音好像大雁，身体从膝盖以上是人，从膝盖以下似马，虽然不骑马但比马跑得快。《异域志》还说丁灵国人会鞭自己的马蹄，一日可行三百里。清人汪绂注《山海经》解释到，钉灵其实就是丁零，那里产貂。那里的人民以貂皮为脚上的衣服，穿着就像马蹄一样善跑，也就是后世的靴子，并不是真马蹄。这是一种从民族学角度的合理解释。

钉灵、丁令、丁灵、丁零都是一名异写，是贝加尔湖南部的一个部族。《史记》《汉书》就提到冒顿曾经往北征服丁零部落，后来汉使卫律还受匈奴封“丁零王”，但是丁零未被匈奴有效融合。在汉宣帝时期，趁着大雪之际，丁零联合乌桓、乌孙一起进攻匈奴并打败之。五胡十六国时期，还有丁零部落首领翟斌。

“丁零”得名就是来源于音近的“翟(狄)”，不过“狄”在春秋战国时都已融合入华夏，丁零国并不属于他们的后代，只是因为在北方才被中原这样称呼。

贯匈国

〔清〕吴任臣《山海经广注》

贯匈国

《山海经·海外南经》记载，贯匈国在某国的东边，这个国家的人胸口有一个贯穿胸背的孔，一说贯匈国位于载国的东边。《淮南子》中亦有穿胸民一说。

据《博物志》，大禹在会稽山大会诸侯，但是防风氏迟到。大禹为了立威而诛杀防风氏。防风氏的两个故臣心有不甘，欲替旧主报仇。等到大禹南巡的时候，两人埋伏在路上伺机刺杀。不料当时雷雨交加，有双龙升天的天象，二人皆认为这是天象示警，惶恐之下将刀子插进胸口，自杀而亡。大禹听闻此事后，为二人的忠心所感动，用不死草复活二人。但是胸口的刀孔未能愈合，二人的后代也保留了此形象。所以他们所在的国家被称为贯匈国，又名穿胸国。

今本《竹书纪年》记载："黄帝五十九年，贯匈氏来宾。"按照这种说法，贯匈国居然在黄帝时期就存在，那么更是在大禹之前了。

对于贯匈国的解读，一直以来都有着不同的说法，一些学者认为穿胸这种特征是基于独特衣着的一种夸大化描述，可能胸前有一种镜子类的装饰，所以看起来像是胸口有个洞。

黑齿国

〔清〕汪绂《山海经存》

黑齿国

据《山海经·海外东经》记载，黑齿国在某国的北方，国民牙齿是黑色的，他们以稻米和蛇为食，身边总是围绕着一条红蛇、一条黑蛇。还有一种说法认为，黑齿国在竖亥的北方，国民手是黑色的，身边有一条红色的蛇。在黑齿国的一座山下，有一山谷，谷中的水温热，是为汤谷。汤谷中有扶桑神木。

《大荒东经》对黑齿国也有描述，说帝俊生黑齿，姜姓，黍食，使四鸟。《吕氏春秋》中记载禹曾东行至黑齿之国。《管子》里齐桓公也自称南至吴越、雕题、黑齿等国。可知黑齿国大致在东南方向。《三国志·东夷传》说女王国东渡海千余里，有倭国；再往东南行船一年，可到裸国、黑齿国。

对于黑齿，古人早有解释。宋人刘逵注《异物志》就说，西屠国用草染齿，染白作黑。黑齿染牙的风俗，在古代日本和东南亚比较常见，最初可能是对牙齿的净化和保健。日本还认为黑齿是贵族身份的一种象征，谷崎润一郎《阴翳礼赞》中提到 19 世纪末至 20 世纪初这种风俗还很常见。

讙头国

〔清〕吴任臣《山海经广注》

讙头国

据《山海经·海外南经》记载，讙头国在某国的南边，这个国家的国民都是人面、鸟嘴、生有翅膀，又写作驩头国；另有一说，认为讙头国位于毕方神鸟的东边，又被称作讙朱国，又写作驩朱国。

清代邹汉勋《读书偶记》根据音韵学指出，讙头、讙朱应该就是古史人物丹朱、驩兜、鹇吺、鹇咮;《南山经》的鴸应该也是同一形象的分化。鴸长得像鸟、人手，叫唤自己的名字，每当出现，国家就会放逐才士。古本《竹书纪年》说，帝尧之子丹朱被后稷放逐到丹水。今本《竹书纪年》又说丹朱为让位给舜避位到丹水。和才士被放逐是吻合的。

不过从《史记》开始，丹朱和驩兜就明确分化成两人了。丹朱是帝尧的太子，尧去世后，反而是舜跑到南河之南避位，但诸侯只朝贡舜而不去朝贡丹朱，所以舜就不得不即位了；而驩兜是和共工、鲧、三苗齐名的“四凶”，在帝尧时期就被帝舜放逐到南蛮，而这点经历又和丹朱被放逐丹水类似。

《博物志》中也记载了驩兜国，说他们出自帝尧的司徒驩兜。国民经常在海中捕鱼，长得人面鸟翼，都像仙人。

交胫国

〔清〕吴任臣《山海经广注》

交胫国

据《山海经·海外南经》，交胫国的国民的小腿相互交叉，十分特别。

晋人郭璞注《山海经》指出，“交胫”应该是《礼记》说的“南方曰蛮，雕题交趾”的“交趾”，但交趾又是什么，仍然不清楚。唐人孔颖达在《礼记注疏》提到，交趾是交阯人一种卧姿，侧卧时脸朝外，双脚和小腿向后勾在一起。交阯是汉代的一个郡，在今天越南北部一带，建安八年改称交州。

但是这种解释似乎没得到共识，仍然有人按照《山海经》理解。比如晋人刘欣期《交州记》里写到，交趾之人身有长毛，脚上没有关节，因而不能站立，需要他人搀扶。《外国图》还说交趾民个子不高，只有四尺。

另外一种解释出自唐代杜佑《通典》。他提到的是因为这里的人脚大趾较大，两足并立时，脚趾会有相交的特征。这就完全用脚趾去解释“趾”了，但《尔雅》说“趾，足也”，趾的本义应该还是足。整体来说可能还是孔颖达的解释更近史实。

聂耳国

〔清〕吴任臣《山海经广注》

聂耳国

据《山海经·海外北经》，聂耳国在无肠国的东边，聂耳国的国民驱使文虎，他们用双手托着自己的大耳朵。聂耳国悬居于海水中，可以看到各种奇怪的物事。在聂耳国的东边，生活着两只老虎。

《大荒北经》中有儋耳之国，儋耳国即聂耳国。儋耳国是任姓禺号（號）之子，食谷。晋代郭璞说禺号应当又是《大荒东经》中黄帝之子禺虢，东海之神。这也证明了聂耳国居于海水中的合理性。唐代李亢《独异志》又有大耳国，据说他们以一只耳朵做席子，一只耳朵做被子，极为奇特。

《异物志》对此做出了解释，说的是儋耳国的人，将脸颊皮肤与耳朵连在一起，被人认为耳朵很大，这也是一种解释。这种肢体的自残行为，令人心惊，但并不排除有这种习俗的可能。郭沫若先生的《说儋耳》中认为耳实际上是虚词，儋耳就是儋，与耳朵无关。

汉武帝元鼎六年（前 111 年）设置儋耳郡，在今天海南省儋州市一带。苏东坡被贬儋州，就曾作《儋耳》一诗。

奇肱国

〔清〕吴任臣《山海经广注》

奇肱国

据《山海经·海外西经》，奇肱之国在某国的北边，国民有一条手臂、三只眼睛。他们的眼睛还有阴阳之分，阴眼在上，阳眼在下。在奇肱国有一种禽鸟，双头，羽色赤黄相间，常与奇肱国国民相伴。

“奇”不是奇怪的意思，而是代表奇数。奇肱也就是一臂的意思，和一臂国有点类似，只是一臂国只有一只眼睛，奇肱国有三只眼睛。但《淮南子》中将奇肱国记为奇股国，那就说是独脚民了。东汉高诱结合奇肱民善于制造飞行器的特点，认为奇肱当是奇股之误。

原来《述异记》记载，奇肱国国民十分擅长制作一些机巧之物，甚至可以制作能御风而行的飞车。相传在商汤时期，有奇肱国的飞车在豫州地界被损坏，十年之后有西风至，飞车再次起航。《博物志》说奇肱国在玉门关以西四万里。

奇肱国的国民以文马为坐骑。文马在《海内北经》中有出现，是犬戎国的一种动物，眼睛像黄金一样灿烂，名字叫吉良，骑着可以有千岁之寿。可见奇肱国也是长寿之国。

歧舌国

〔明〕蒋应镐《山海经（图绘全像）》

歧舌国

歧舌国最早记载于《山海经·海外南经》，歧舌在《淮南子》又作“反舌”；晋代郭璞注《山海经》解释“歧舌”说，他们的舌头都是分歧的，也叫“支舌”。故而，歧舌又被称作支舌、反舌。

但支舌、反舌的具体含义尚有所争议。反舌是指舌头与常人相反，呈舌尖朝里、舌根朝外的形状，这是汉代高诱注《吕氏春秋》的观点，还说他们说话只有自己能听懂；而清代郝懿行则支持郭璞的观点。于省吾先生在其《释舌》中也指出，支舌实际上指的是舌头前端歧出，将支写作反，有可能是讹传。

凌春生先生对歧舌这一现象进行了考察，发现歧舌这一现象在新西兰地区广泛存在，如毛利人的祖先海洋神也是歧舌之状。当然，也可能是舌头上进行了一种装饰。

犬戎国

〔明〕蒋应镐《山海经（图绘全像）》

犬戎国

根据《山海经·海内北经》，犬封国又被称作犬戎国，这个国家的居民形状如犬。根据另一篇《大荒北经》，黄帝生苗龙，苗龙生融吾，融吾生弄明，弄明生下两头白犬，两头白犬雌雄同体，犬戎国即是他们的国家。又说犬戎是神，人面兽身。

犬戎在历史文献中经常出现，是西周时期非常强大的部族。它很可能就是金文和《诗经》等经常提到的“玁（猃）狁”或“荤粥”“獯鬻”，其本身无怪异，作战时甚至出动战车。据《史记·周本纪》，西周末年，申侯、缯侯联合犬戎攻破镐京，杀死周幽王，灭亡西周，其实力可见一斑。但之后似又绝迹，文献中最后一次出场是春秋前期被虢国击败。其活跃在关中一带，应是被秦国吞并。

根据《汉魏丛书》辑《搜神记》，高辛氏有个叫房氏的敌人，神犬盘瓠叼来了房氏的头颅，所以被高辛氏收为女婿，犬戎就是他们的后代。而据今本《搜神记》，盘瓠后代是长沙、武陵蛮，犬戎反而成了敌人。其实这正是《山海经》的犬戎神话传播到南方变成盘瓠神话的表现。

柔利国

〔清〕吴任臣《山海经广注》

柔利国

根据《山海经·海外北经》，柔利国在一目国的东边，那里的人只有一只手和一只脚。膝盖是向着相反的方向弯曲的，脚也是反卷屈折。有一种说法称他们为留利之国，他们国家人的脚是向后反折的。

《大荒北经》中记载牛黎之国的人没有骨头，都是儋耳国的后代。柔利、留利、牛黎当即一国，儋耳国即是聂耳国。《大荒北经》提到聂耳之国任姓，禺号之子。

晋代郭璞在《山海经图说》中用柔利国民与病人子求相对比，子求是《淮南子》记载的人物，他的身材佝偻扭曲，面目丑陋，脊骨高于头顶，胸骨直抵下巴。与子求相比，柔利国的国民并不算丑陋，但却只有一手一足，也是相当怪异了。

关于没有骨头的记录，《尸子》说徐偃王有筋无骨，《荀子》说他的眼睛可以看到额头。如果从科学角度解释，可能是得了软骨病或者脆骨病。西方也有一位传奇人物患有这样的病症，他就是公元 9 世纪带领维京雄狮入侵英格兰的无骨人伊瓦尔，萨迦文学说他甚至无法正常走路，连行动都需要部下抬着。

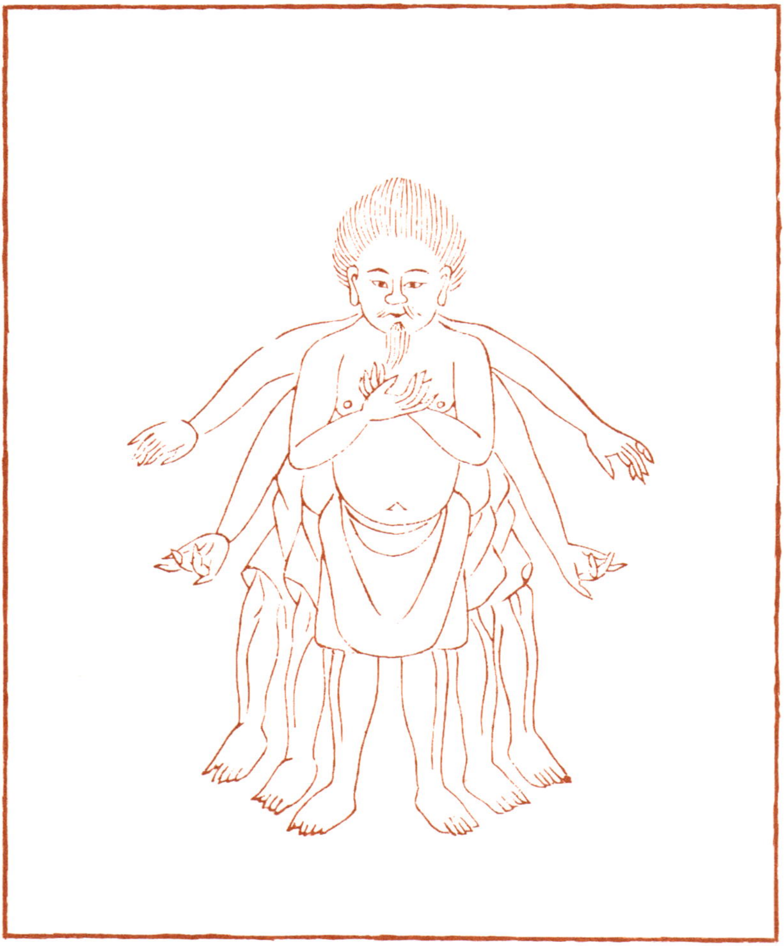

三身国

〔清〕吴任臣《山海经广注》

三身国

根据《山海经·海外西经》，三身国的国民是一个头而三个身子。另一篇《大荒南经》中则说三身国在大荒的不庭山附近，是帝俊与娥皇之后。姚姓，黍食，使四鸟。四鸟指的是虎、豹、熊、罴，以“鸟”来统称鸟兽。清代郝懿行注认为三身国姚姓，应当是舜的苗裔。而古文献一般都说娥皇是舜的妻子。所以郭沫若等学者认为帝舜与帝俊以及卜辞的帝喾、高祖夒皆是一人分化。

《河图括地象》与《荒史·因提纪》中也有对三身国的记载。据其所述，庸成氏之子为人放荡不羁，其性喜淫，于是君主将他放逐到西南；而三身国又是庸成氏儿子与马的后代，具有人与马的特征。不过这则故事为后起之说，并非三身国神话的源头。

深目国

〔明〕蒋应镐《山海经（图绘全像）》

深目国

根据《山海经·海外北经》，“深目国在其东，为人深目，举一手一目，在共工台东”。不过此处“一目”颇可疑，既是一目，为何与深目分开叙述？既在某国之东，为何又在共工台东？袁珂先生认为“一目”当然是“一曰”之误，这样一来就解释通顺了：深目国最明显的特征只是眼窝深，并不是一只眼睛。

另一篇《大荒西经》中提到一个吃鱼的深目之国，该国是朌姓。《尸子》中提到蛮夷的贯匈国、深目国、长肱国，都受到黄帝德行的教化。晋代郭璞《山海经图赞》提到“深目类胡”，“深目”应该是一些西域国家、民族的特征；但《逸周书》提到深目国是南蛮人。

清代小说《镜花缘》中深目国也有出现，小说中的深目国保留了高举一手的特征，并对这种行为进行了解释——因为深目国的人眼睛长在手上，需要向上看的时候就高举双手，他们的视力范围随手上动作的改变而改变。其实《山海经》的“举一手”应该只是按图的叙述而已。清代成或因《山海经》图本中深目国也是两目，作者应该怀疑到“一目”是“一曰”的讹误。

一臂国

〔清〕吴任臣《山海经广注》

一臂国

根据《山海经·海外西经》，一臂国人有一臂、一目、一鼻孔；那里还有一种虎斑黄马，也是一只眼睛和一条前肢。

另一篇《大荒西经》中也有一臂民的记载，他们生活在盖山之国，内容与本条经文相似，增加了一脚的描述。《尔雅·释地》中记载北方有比肩民。郭璞注《山海经》称比肩民就是一臂民。《异域志》说有半体国，国人也是一目一手一足。大概说的都是同类。

这种人要两个人合在一起才能行动、饮食，和《东山经》的蛮蛮一样。《韩诗外传》则记载了东海一种叫鲽的比目鱼和南方一种叫鹣的比翼鸟。

明代蒋应镐和清代成或因的《山海经》图本中，画的一臂国是一臂民骑黄马，而清代吴任臣和汪绂画的则是两个一臂民相对。

一目国

〔清〕吴任臣《山海经广注》

一目国

据《山海经·海外北经》，一目国的国民都长着一只眼睛，在脸上正中的位置。《山海经》关于一目的国家还有两处。一个是《大荒北经》的威姓少昊之子，一个是《海内北经》贰负之尸北边的鬼国。一目国、威姓少昊子、鬼国或许都是一个。

商代的鬼方到周代为鬼（隗）姓赤狄，或许这就是鬼国的来源。然后再被讹传为一目，但实际上和鬼怪并无关系。清人吴任臣提到《两仪玄览图》，说该图记载亚洲西北、欧洲东部也有一目国。当然，我们知道今天世界上并无这种人，可能也是某种讹传。

在清代吴任臣和汪绂《山海经》图本中，一目人为横目；但在蒋应镐和成或因图本中，一目人为纵目。纵目即竖立的眼睛，在晋代《华阳国志》中提到蜀侯蚕丛即纵目，而广汉三星堆遗址出土了不少纵目人面具。但在经文中，并没有提到纵目，默认应该是横目。

羽民国

〔明〕蒋应镐《山海经（图绘全像）》

羽民国

据《山海经·海外南经》，羽民国的国民长着很长的头，身上有羽翅。

晋代郭璞注《山海经》说羽民的样子，是白头、红眼、鸟嘴；和鸟一样都是卵生，可以像鸟一样飞行。郭璞曾见过羽民国民的画像，称其“画似仙人”。《博物志》也提到了羽民国。

羽民在文献中多作羽人。受到修仙学说的影响，羽人形象在战国汉晋的画像中非常常见，也有不少关于羽人的动人传说。《拾遗记》记载帝尧时期在西海出现一个叫“贯月槎”的巨筏，这艘巨筏在四海环绕，每十二年绕天一周。上面就生活着羽人。秦始皇时期还有个自称宛渠国来的羽人，乘着潜水艇“沦波舟”，和秦始皇讲天地开辟的历史。宛渠离太阳洗浴的咸池还有几万里，把一万年当作一天。

也有说羽民国在比翼鸟居住的东南方，这里的人脸颊很长。在羽民国有十六个神人存在，这些神人的手臂紧紧相连，他们的职责是为天帝守夜。明代杨慎《山海经补注》提到，南方也有类似的神人，当地土著夜晚会遇到他们，称呼他们为“夜游神”。

女子国

〔明〕蒋应镐《山海经（图绘全像）》

女子国

据《山海经·海外西经》，女子国有两个女子居住，四周环水；还有一种说法是她们居住在一扇门中。清代郝懿行在《山海经笺疏》认为，居住在一扇门中实际上指的是同一聚落。

关于女儿国的记载，文献数不胜数。《三国志》说高句丽东边海上有个女人岛；《后汉书》也提到这个女人岛，岛上有口井，看一看可以怀孕。而郭璞注《山海经》则说，女子国有黄池，女人进去洗澡就会怀孕，如果生下男子三岁就会死。

唐代玄奘《大唐西域记》提到有西女国和东女国，西女国在拂懔国（东罗马帝国）的西南海岛，有可能就是希腊神话中的亚马孙；亚马孙国只有女人，与邻近加加利亚部落男人生育，如果是女婴就留在亚马孙，是男婴就送回加加利亚。女子长大成人都切除右乳，方便投掷标枪或者拉弓射箭。

而东女国在西域中亚一带，《大唐三藏取经诗话》改成女人国；《西游记》改成女儿国，说的是女儿国没有男子，女子怀孕只需喝子母河的河水，终止妊娠则饮用落胎泉水。不过《大唐西域记》的东女国并非没有男子，但男子只从事耕种，不掌握国家权力罢了。

大食国

［明］《异域图志》

大食国

南朝任昉《述异记》中记录了一个大食王国，这个国家位于西海之中。大食国有一块大石头，石头上面有很多树木，这些树树干是红色的，树叶是青色的，树枝上生长着六七寸长的小人，他们见到人就发笑，手舞足蹈。这些小人不能离开大树，如果折下树枝，他们马上就会死亡。

不过，为人熟知的大食国，则是唐代以后对阿拉伯帝国的称呼。阿拉伯帝国是阿拉伯人阿布·伯克尔于公元 632 年建立的伊斯兰帝国，于公元 1258 年被成吉思汗之孙旭烈兀灭亡，主要分为四大哈里发时期（公元 632—661 年）与倭马亚王朝（661—750 年）、阿拔斯王朝（750—1258 年）两个世袭王朝。

阿拉伯帝国极盛时，疆域地跨亚欧非三大洲，东起印度河及葱岭，西抵大西洋沿岸，北达高加索山脉、里海以及法国南部，南至阿拉伯海与撒哈拉沙漠，非常辽阔。

鬼国

〔明〕蒋应镐《山海经（图绘全像）》

鬼国

据《山海经·海内北经》，鬼国的国民有着人一样的脸，但却只有一只眼睛；另一篇《海外北经》记载了一目国，他们是威姓少昊之子；《魏书·东夷传》也记载了女王国北边有鬼国。

商代有鬼方，是商朝西北一个强大部落。《易经·既济》中说殷高宗武丁伐鬼方，三年才战胜。古本《竹书纪年》中说周王季历攻打西洛鬼戎，俘虏十二翟王。西周青铜器小盂鼎也记载了周人伐鬼方。春秋时期有隗姓赤狄，应该就是鬼方的后裔，“威”“鬼”“隗”音近，当是通假。但鬼方应该是戎狄之属，而不是东夷少昊后裔。

春秋时期，赤狄分为皋落氏、廧咎如、潞国、甲氏、留吁、铎辰六部，分布在今天山西中部到东南部一带。赤狄部落非常强大，仅一个留吁就南下灭亡邢国和卫国，还靠齐桓公带领诸侯才得以驱逐。后来甘昭公又勾结赤狄部落，将哥哥周襄王驱逐出成周。但之后随着晋国扩张，赤狄屡战屡败，相继被吞并。可见鬼方本身也无特异之处，仅因其名而被传成了一目国。